Wildwuchs.Schule.de

Werner Pampel

Wildwuchs.Schule.de

Engelsdorfer Verlag
Leipzig
2012

Bibliografische Information durch die Deutsche Nationalbibliothek: Die Deutsche Nationalbibliothek verzeichnet diese Publikation in der Deutschen Nationalbibliografie; detaillierte bibliografische Daten sind im Internet über http://www.dnb.de abrufbar.

ISBN 978-3-86268-647-6

Inhalt

Eine unbehagliche Konstellation 7

Gewissensbisse 11

In der Willkommensrepublik 16

Auf ein Vorwort 18

Lehrjahre 25

Der Riss 34

Neues vom Lehrerdasein 40

Ein Musik-Asket 45

Vom Lehrer zum Schöpfer 49

Kraut und Rüben 56

Giftmischer als Wohltäter 61

Sächsische Spaßvögelein 64

Über allen Gipfeln 69

Aus der Praxis für die Praxis 74

Das Springer-Syndrom 78

Die Mauer muss weg! 82

Die Sache mit dem höheren Wesen 88

Die Simultanfalle 96

Vom Festival der Schleimer 101

Die Eroberung des Nutzlosen 104

Dialektisches 108

Schuld war nur der Bossa Nova 110

Die süchtig machenden Ärzte 120

Bildungslotsen gesucht 123

Frau Anne(s) Will(e) 132

Die Elite der Behinderten 137

Emaillierte Infos 142

Integration 144

„Denn alles, was es in der Welt gibt, das lehrt oder lernt oder es tut beides wechsel-
weise. "
(Johann Amos Comenius)

„Bildung ist etwas, was man ganz ohne Beeinträchtigung durch den Schulunterricht
erwerben muss. "
(Mark Twain)

Dieses Büchlein widme ich vor allem Ingrid, meiner Frau.
Dank auch an Constanze und Tim Georg!

Eine unbehagliche Konstellation

Es geschah zu einer Zeit, als das Klagen über die Folgen der Krise noch immer nicht zu verebben drohte. Da verfiel einer unserer vermeintlichen Freigeister – einer, der sich vermutlich für einen Propheten hielt – auf eine kühne Idee. In derselben Weise, wie sie unerwartet und sinnfrei daherkam, war sie gleichsam „alternativlos". Und während sich der Seher drinnen noch mit sich selbst ver*brüderle*te, verkündete man draußen schon seine Erfindung.

Treuherzig hatte er sie „Aufschwung XXL" genannt. Damit lag er nicht nur voll im Trend, o nein, das Ganze schlug dem Fass, in welchem seine Fangemeinde verzweifelt hockte, buchstäblich die Krone ins Gesicht. Weil die gelben Vordenker zur Zeit nicht allzu hochprozentig aufwarten konnten, sahen sie sich ermuntert, noch weitere hirnlose Superlative zu generieren. Genau damit – das immerhin glaubten sie felsenfest – könnten sie ihre Gebetsmühlen wieder zum Laufen bringen.

Wie sich bald herausstellen sollte, war das, was zunächst nur nach einem Befreiungsschlag aussah, in Wahrheit ein echtes Politikum. Aus dem vermeintlichen Seher wurde über Nacht ein Risiko für unsere Volkswirtschaft und für die Volksgesundheit gleich mit. Wer, fragte man sich nämlich zu Recht, würde bei dem überbordenden Angebot an Diäten diese vorausgesagten Übergrößen tragen wollen?

Was war die Konsequenz aus diesem Dilemma? Infolge eines blitzschnellen, vermutlich ziemlich schmerzhaften Wechsels der Ressorts mutierte der bisherige Gesundheitsminister zum Wirtschaftsminister. Der Prophet aber, der bis dato uneigennützig an den Rädern der Wirtschaft gedreht hatte, bekam einen neuen *Sitz*. Was für einen Sitz?

Das ging so: Nachdem er seinen alten Stuhl verlassen hatte, rückte er zufrieden „ein Stück weit" nach vorn. Genauer gesagt, nach ganz vorn. Seine gelbe Fraktion indes, die davon total begeistert war, ernannte ihn umgehend zu ihrem Vorsitzenden.

Würden sie damit zur sprichwörtlichen „gelben Gefahr"? Würden sie also – was *Phillipp* ja freudentaumelig angekündigt hatte –„liefern"?

Laut Howard Gardner, einem Professor von der Harvard-Universität, dürfe man heute davon ausgehen – ganz unaufgeregt, wie ich vermute –, dass es ohnehin nur *acht* Arten von Intelligenz gibt. Weltweit, und auch nur in manchem Ernstfall.

Noch drastischer sieht es der Hirnforscher Professor Gerald Wolf. In einem Leserbrief an die Magdeburger „Volksstimme" formulierte er: „Die Naturgeschichte des Menschen ist wie die aller Lebewesen die Geschichte von Genen… Hätten wir anstelle unserer Gene die eines Wasserflohs oder des Apfelbaums, wären wir Wasserflöhe oder eben Apfelbäume."

Falls sich jemand darüber sogar freuen sollte, dann könnte er stehenden Fußes verkünden, was für eine „richtig" runde Sache doch das Ganze sei.

Aber habt Acht! Sollten wir derlei Euphorie nicht lieber noch ein Weilchen bei uns behalten – wie sehr sie aus uns auch herausdrängen mag? Erinnern wir uns: So gleichmäßig rund kam uns besagte Zahl ja erst vor, als sie plötzlich im Fokus erschien. Da war sie einer richtigen Semmel zum Verwechseln ähnlich: ebenso blond, ebenso rund und ziemlich allein. Doch ehrlich mal, wäre sie mit dieser Aura irgendwo zur Geltung gekommen?

Für sie selbst allerdings schien dies ohne Belang zu sein. Als voll akzeptierter Zwilling könnte sie sich ja überall problemlos im Doppelpack vergnügen.

Doch da gibt es noch etwas Anderes, das uns tatsächlich wundern sollte: Warum zum Teufel dürfen wir uns nur an *sieben* der so genannten *antiken Weltwunder* erfreuen?

Hier befürchte ich, dass nicht einmal unsere diversen Lichtgestalten – man denke nur an den spätrömischen Dekadenz-Vize, an den hochadligen Einräumer von „kriegsähnlichen Zuständen" oder an die spekta*coole* Cindy vom steilen (Mar)Zahn – im Stande sein dürften, ein solches Problem zu lösen. Nicht einmal dann, wenn sie es schafften, über die berühmten sieben Brücken zu gehn. Mit allen den sieben Geißlein und sogar auf einen Streich. Dazu siebenmal in der Woche!

Haben wir also keine Chance? Gibt es gar niemanden, bei dem man sich Rat holen könnte? Was ist beispielsweise mit dem Internet?

Der in Yale lehrende Informatiker David Gelernter – er ist nebenher Maler, Essayist und „Rockstar des Computerzeitalters" („New York Times") – gibt in seinem jüngsten Manifest offen zu, dass auch er sich gelegentlich wundert:

„Wenn dies das Informationszeitalter ist, worüber sind wir dann alle so gut informiert? Was wissen unsere Kinder, das unsere Eltern nicht wussten? Sie wissen ums Jetzt. Die Netzkultur ist eine Kultur der Jetzigkeit... Jetztkultur ist eines der wichtigsten kulturellen Phänomene der Moderne... Je mehr wir über das Jetzt lernen, desto weniger wissen wir über das Damals... Der Effekt der Jetzigkeit gleicht dem der Lichtverschmutzung in Großstädten, die es unmöglich macht, die Sterne zu sehen. Eine Flut von Informationen über die Gegenwart schließt die Vergangenheit aus... Geht nicht auf die Internetschule und werdet in gar nichts Meister... Wenn... Internetinstitute den gleichen Effekt auf das Internet haben wie Pädagogikinstitute auf die Bildung, dann gute Nacht." (FASZ v. 28. 02. 10)

Irgendwann schien daher die Frage erlaubt, ob man nicht aus der Not eine Tugend machen, ungeniert die Ärmel hochkrempeln und höchst selbst ein achtes Weltwunder kreieren sollte. –

„Ja und wie jetzt?", könnten Sie fragen. „Irgendwas? Einfach so?"

Oh nein. Ich denke an etwas ganz Besonderes, etwas scheinbar Unscheinbares. Es ist unser eigen Fleisch und Blut. Ja, ich sehe sie direkt vor mir, die lieben kleinen Barbaren. Diese, zweifellos süßen, doch herzlos *Kids* genannten, Früchtchen der Liebe.

„Gut und schön", könnten Sie einräumen – all dies vielleicht dank einer mittelprächtigen Irritation –, „aber was sollte das Besondere an ihnen sein? Und vor allem: Wo bleibt das ersehnte Wunder?"

Behalten Sie noch mal kurz Ihre Fassung! – Es ist ihre reizende Gestalt, die uns erscheinen wird. In all ihrer Reinheit, ihrer Natürlichkeit und nicht als das Objekt einer (*Priester*)*orden*tlichen Begierde. Was uns also wirklich an ihnen interessieren sollte, das ist ihr *wunder*bares Innenleben.

Doch halt, wären da nicht ein paar *reizende* Häute, die wir erst noch entfernen müssen? Und auch mit der *Sieben* müssten wir wieder vorlieb nehmen, indem wir diesmal ein bisschen weinen.

Aber wie sieht es inzwischen mit Ihnen aus? Möchten Sie vielleicht etwas verlauten lassen? Vielleicht Ihre Zweifel, ob das banale Schälen einer Zwiebel wirklich etwas mit der Seelenbildnerei zu tun haben könnte? Diesbezüglich kann ich Sie beruhigen: So *g*(k)*rass*, wie man es bei Günter kennt, ist es hier keinesfalls.

Gewissensbisse

So ist also die Erschaffung eines achten Weltwunders gar kein echter Grund zum Jubeln? Schwingt hier vielleicht eher die Frage mit, ob wir uns das überhaupt leisten können? Eine Überlegung, die keineswegs nur Pärchen anstellen, die Tag für Tag in Bereitschaft leben. Müsste also nicht gerade hier, „in der Tat", ein Ruck durch Deutschland gehen?

Wenn sich heutzutage jemand „öffentlich gemacht" hat, dann unterliegt er dem Drang, auf dem Riesenberg unserer Sprachvermüllung „ein Stück weit" mitzutun. Er trennt sich „in der Tat" von allen Überresten, die er – völlig überflüssigerweise, wie er inzwischen weiß – einst zu seiner persönlichen Sprachkultur gezählt hatte, und auf die er, vorübergehend nur, sogar ein bisschen stolz war.

Natürlich ist die andere Seite die, dass sich so etwas rechnen soll. Nicht nur die Aufzucht der Kleinen an sich – sondern viel eher die sich anschließende Karriere. Seien wir ungewöhnlich ehrlich: Nicht selten geht es nur um die *von uns* erträumten Erfolge.

Um jeglichen Irrtümern „brutalstmöglich" vorzubeugen: Niemand hat die Absicht, eine Mauer, nicht mal eine gefühlte, zu errichten. Um dadurch womöglich am Nachwuchs ein wenig zu partizipieren. Doch halt! Eine Teil-*Rückerstattung* sollte man schon ins Auge fassen: die der *Kosten*. Mit den *Mühen* klappt das sowieso nicht!

Was mir seit geraumer Zeit auffällt: Immer mehr Eltern – ich nenne sie die „Ruck-Eltern" – sind übertrieben kompromissbereit geworden. Bei dem andauernden Bestreben, ihren „Kids" alle Wege zu ebnen, überschlagen sie sich faktisch. Nicht nur sie sich selbst, nein, ihre Erzeuger gleich mit. Manche der Großeltern sehen aus, als hätten sie ihr letztes

Hemd längst schon geopfert. Und wofür eigentlich? Für die höchstmögliche „Bepunktung"!

Gar viele Eltern packen ihre Pfleglinge in Watte und behandeln sie noch vorsichtiger als rohe Eier. Logisch, dass man sie auch von jedweder Hausarbeit fern hält, ja sogar einen Teil ihrer schulischen Pflichten – und oft dabei ein wenig sich selbst – *übernimmt*.

Falls die Erschaffung des Wunders aber noch eine dritte Seite hätte, dann sähe die vielleicht so aus: Wer mit seiner Aufzucht auch gleich noch die volle Verantwortung übernimmt, der reiht sich automatisch ein. Nicht irgendwo, sondern in ein Riesenheer von Ressourcenverwertern mit einer nachvollziehbaren Strategie: Wer den Weiterverbleib unseres Landes (unter seinem jetzigen Namen) ernsthaft im Auge hat, der sollte dies nach Kräften unterstützen. Am allerbesten durch Bildung. Andernfalls – und das wird man doch noch mal sagen dürfen – wären uns dümmere Deutsche willkommener als klügste Ausländer!

Man erkennt daran, dass so manches nicht nur nach unserem besten Wissen und Gewissen, sondern immer öfter auch nach unseren „Bauchgefühlen" geschieht. Aber was ist mit denen, die das Ganze lediglich über sich ergehen lassen müssen? Welche Rolle spielen dabei die Wunder-Kinder? Was für Gefühle – außer vielleicht ein paar gemischten – haben die? Meinen wir denn, dass sie sich in Echt danach sehnten, ebenfalls ein Stück von uns zu sein?

Wenn wir Glück haben, machen sie sich darüber nicht die geringsten Gedanken und glichen so ihren Eltern bis aufs – stellenweise fehlende – Haar.

Aber worin ist die Ursache für die latente Kinderfeindlichkeit in der Bildungsrepublik zu suchen? In zu geringer Effektivität, womöglich in der von Kindern?

Ginge es diesbezüglich gerecht zu, dann müssten die sensibleren unter unseren Nachkommen in bodenlose Depression versinken. Spätestens dann, wenn sie anfingen, sich als Mitglied dieser unserer Gesellschaft zu begreifen.

Nehmen wir doch die eine oder andere „Empfänger"-Familie als Beispiel. Deren Nachzucht ist keinesfalls zu beneiden – nicht einmal um sich selbst. Schon der Gedanke, dass sie vor ihrer knallharten Nummerierung einen völlig absurden Namen hinter sich her schleifen, ist menschenverachtend. Geht es doch um einen Namen, der zwar scheinheilig nach rollender Vögelei klingt, nach Mittelgebirge und dem dort gezeugten Käse, der jedoch als Synonym für einen Moralapostel schon lange nicht mehr taugt.

Welch ein Glück für die Aufzucht, möchte man meinen, dass sie sich für ihren Namenspatron einen Dreck interessiert! Was hülfe es ihr, wenn sie sich in Dinge versenkte, die sie gar nichts angehen? Was sollten die Ärmsten mit dem Wissen, dass es eine Erwerbslosenquote gibt, anfangen? Und dass die satte 100 % beträgt? Bei Kindern, die unter Fünfzehn sind?

Ursprünglich war man davon ausgegangen, dass mit der Erfindung des neuen Weltwunders auch eine Woge von Visionen und Problemlösungen über uns zusammenschlüge. Gleichzeitig hoffte man, dass folgendes Denken „Platz greifen" würde:

Bei der Bildung ginge es um nicht weniger als um jeden einzelnen Schüler. Darum, ihn in seiner großartigen Besonderheit aufzuspüren, um ihn dann nach Kräften zu fordern und zu fördern. Ein solches „Kernstück" habe Vorfahrt vor Frau Schavan's Uni-Gelüsten, vor einer lang und breit diskutierten Verkürzung von Gymnasialzeiten, vor der fragwürdigen Anwerbung von Bildungslotsen und nicht zuletzt vor dem sinnfreien Beharren auf einem Schulsystem, das entweder zwei, oder manchmal auch noch drei Glieder hat.

Seien wir offen und scheinbar ehrlich: An welche Probleme, von denen wir glauben, dass sie von Kindern gelöst werden sollten, denken wir eigentlich? Ist die ganze Blage in Wahrheit nicht ein einziges Generve für uns?

„Kitas in Wohngebieten sind eine unzumutbare Belästigung", befand jüngst ein respektabler Senior, jedenfalls einer, der auch von deutschen Müttern und Vätern einst in den Bundestag gewählt worden war.

„Jeder dritte Deutsche hat sich den Alltag mit Kleinkindern ganz anders vorgestellt. Das zeigt eine Allensbach-Umfrage, aus der der ‚Tagesspiegel' zitiert … Von den Alleinerziehenden gaben etwas mehr als die Hälfte an, dass das Leben mit Kind sich anders entwickelt hat als erwartet … Generell, so ergab die Umfrage, sind die Eltern kleiner Kinder glücklicher als der Rest der Bevölkerung. Auf einer Skala zwischen eins und zehn ergab sich für Eltern von Kindern unter zwei Jahren ein Wert von 7,6. In der Bevölkerung insgesamt liegt er bei 6,6. Allerdings ist das Glücksempfinden stark von der finanziellen Situation abhängig … (LVZ v. 22. 03. 2011)

„86 Prozent der Dänen schätzen ihr Heimatland als besonders kinderfreundlich ein. Das ergab eine repräsentative Befragung von mehr als 15.000 Europäern in 13 Ländern … Deutschland kam in dieser Selbsteinschätzung abgeschlagen auf den vorletzten Platz – immerhin noch vor Russland. Die Umfrage wurde von der BAT-Stiftung für Zukunftsfragen in Auftrag gegeben.

Dazu der wissenschaftliche Leiter der Studie, Ulrich Reinhardt: ‚Gerade in Westeuropa ist tendenziell die Kinderfreundlichkeit – wie auch die durchschnittliche Zahl von Kindern – in den Ländern am höchsten, in denen die Emanzipation weit vorangeschritten ist.'"

Aber auch beim Einfluss des Stellenwertes der Familie, der Anzahl an Krippen- und Kindergartenplätzen, den steuerlichen Vergünstigungen oder bei den bestehenden Möglichkeiten, Beruf und Familie miteinander zu verbinden, landete Deutschland nur auf den hinteren Plätzen.

Zum Glück (für die Nachkommen) gibt es unter ihnen auch genügend Pfiffige. Das sind diejenigen, die ihre Misere schon von Geburt an – nicht nur ahnten, sondern tagtäglich spürten. Und sie waren es auch, die von Anfang an darauf bedacht waren, ihre Züchter nach Kräften zu entlasten. So begrenzten sie alle traditionellen häuslichen Zusammentreffen auf ein Mindestmaß (Frühstück inklusive). Aus Kostengründen *sagen* sie. Was sie dagegen *meinen*, das ist etwas Anderes.

Gemeint sind die Berührungen, die sie mit ihren Blutsverwandten haben *dürfen*. Die sind amtlich glashart geregelt. Und so ist das Ganze ein unbeschreibliches Desaster. Und fast immer an Arbeitslosigkeit gekoppelt! Und ausgerechnet hier soll das Kind in der Lage sein, für Abhilfe zu sorgen!?

Der Wohlstand in einem Sozialstaat ließe sich nur durch seinen Reichtum an Kindern verwirklichen, heißt es in zweckoptimistisch trainierten Kreisen. Welche Staaten man dabei auch im Blick haben mag – immer sagen die einen so, die anderen so. Eines lässt sich zumindest festhalten: Wunder sind auch nicht mehr das, was sie einmal gewesen sein sollen.

In der Willkommensrepublik

Die allermeisten Verlautbarungen aus dem Munde der Bundesbildungsministerin lassen erahnen, dass die Redewendung „Die da oben machen sich überhaupt keine Gedanken um uns!" nur eine der zahllosen Behauptungen ist, die von keinerlei Realitätssinn getrübt sein dürften. Das ganze Gegenteil ist der Fall. Angenommen, es *will* jemand zu uns *kommen*, jemand, der ausnahmsweise unseren Wohlstand nicht schmälern, sondern verbreitern möchte – vielleicht ist es sogar jemand mit nicht allzu bescheidenem heimatlichen Einkommen –, dann, ja dann sei er uns herzhaft *willkommen*! Seine Frau gleich mit und natürlich auch die Kinder! So nämlich sehen die Vorstellungen unserer (Ein)bildungsministerin in Wirklichkeit aus.

Die *gefühlte* Praxis belegt eindrucksvoll, dass die Ankömmlinge bei uns nicht nur untergebracht, sondern auch gefördert und gefordert werden. Auf wunderbare Weise wird aus der „Bildungsrepublik" sogleich eine „Willkommensrepublik".

Eine Partei, aber zwei Slogans. Der deutlich modifizierte könnte jetzt mahnen: „Kinder durch Inder!"

Ach ja, wie war gleich der alte? „Und im Unterschied zu Arbeitnehmern im Ruhrgebiet kommen die Rumänen nicht morgens um sieben zur ersten Schicht und bleiben bis zum Schluss da. Sondern sie kommen und gehen, wann sie wollen und sie wissen nicht was sie tun." (Dr. J. Rüttgers am 26. 8. 2009 im Wahlkampf in Duisburg)

Was sich schon zu diesem Zeitpunkt hätte herauskristallisieren können: Als Gradmesser für das Abhalten von Events sollte keinesfalls Duisburg herhalten müssen. Und was man sonst noch zu wissen bekam: Fragen zur Zuwanderung – auch zu der von dringend benötigten Fachkräften – sind nicht durch Lippenbekenntnisse zu lösen. Genauso wenig, wie sie es durch das Infragestellen von „jüdischen Genen" sind.

Noch ein spezieller Hinweis für die unschlüssigen *Wanderer* unter Ihnen: Beachten Sie, dass die Vorsilben *ab* und *zu* nicht ausschließlich
personengebunden, sondern manchmal auswechselbar sind!

Auf ein Vorwort

Hand aufs Herz! Wer von Ihnen erwähnte sie noch nie, die reizvollen zwei Seiten? Und immer mit dem Hinweis, dass sie zu ein und derselben Medaille gehörten. Angenommen, man wäre locker genug, diese Eigentümlichkeit einfach durchgehen zu lassen, träfe sie dann nicht gleichermaßen auf vieles andere zu? Auch auf jedes, noch so dünne, Buch?

Apropos Buch! Es kommt mir vor, als sei der letzte Schandfleck, den es im Vaterland ja immer noch gab, nun bereinigt. Als sei er dahingeschwunden, dieser hartleibige, seit Urzeiten grassierende Analphabetismus.

Doch was brachte mich zu solch einer Vermutung? Die Erkenntnis, dass bei der letzten(?) Bundestagswahl keine einzige Partei mit einem knallharten *Anti-Logo* erschienen war? Keine FAG (Freie ABC-Gegner); keine UGL (Union gegen Lesen) oder PAB (Partei anonymer Buchstabierer)? Nichts dergleichen – auf keiner einzigen Liste!

Lag mein Optimismus darin begründet, dass ich nicht der Einzige war, der sie wiedererkannte? Ich rede von den parteilich aneinander gereihten Buchstaben auf ihren patriotisch anmutenden Logos?

Zum Glück brachte die so genannte Leo-Studie einiges Licht ins Dunkel. (*Die so genannte Level-One-Studie untersucht die Literalität der deutsch sprechenden Bevölkerung, wobei sie auf den unteren Level, gemessen am International Adult Literacy Survy, fokussiert*). Dort zeigt sich, dass 4% der Bevölkerung (2,3 Millionen Bürger) nur einzelne Wörter, sprich keine Sätze, verstehen und dass 13,3 Millionen – wann und wo irgend möglich – Lesen und Schreiben vermeiden. 58% der Analphabeten – so die Studie dann weiter – sprechen Deutsch als Muttersprache, beherrschen somit das für den Alltag Notwendige, können Schilder entziffern und Unterschriften leisten. Sie wissen aber nicht, *was* sie unterschreiben. Der Grund: Die meisten der Behördenformulare oder Arbeitsanweisungen sind zu lang.

Von den Betroffenen haben 48% einen Hauptschulabschluss, 19% die Mittlere Reife.

Frau Prof. Süssmuth, Präsidentin des Volkshochschulverbandes, äußerte sich dazu wie folgt: „Es kann nicht sein, dass wir Migranten-Integrationskurse machen und annehmen, dass gutes Deutsch für Deutsche selbstverständlich ist."

„Von daher" ist es nicht nur „eben mal" so, dass ich mich an einen ganz bestimmten Schüler aus ganz bestimmt „bildungsfernem" Elternhaus erinnere. Er war derjenige, der den Inhalt seines Wichtelpäckchens mit den Worten „Oh Scheiße, e Buch, eh!" kommentierte.

Wie komme ich auf „bildungsfern" – und ausgerechnet bei ihm? Nach meiner Erinnerung war sein Vater doch bei der Kripo?

„… Du bist jung und wünschest dir Kind und Ehe. Aber ich frage dich: Bist du ein Mensch, der ein Kind sich wünschen darf?

Bist du der Siegreiche, der Selbstbezwinger, der Gebieter der Sinne, der Herr deiner Tugenden? …

Oder redet aus deinem Wunsch das Thier und die Notdurft? Oder Vereinsamung? Oder Unfriede mit dir?" (F. Nietzsche: Gesang *Von Kind und Ehe* aus „Also sprach Zarathustra")

Mal ehrlich, liebe Leute (und natürlich Leut*innen*), Sie verstehen das Ganze doch auch bloß nicht. Also „nicht wirklich". Bei feinsinnigen Zeitgenossen wie Ihnen wäre das auch nachvollziehbar. Bei solch „ein Stück weit" höher stehenden Mitgliedern des Gemeinwesens. Aber Vorsicht! Auch bei Ihnen dümpelt mancher nur so dahin. Ohne es sich selbst einzugestehen, begnügt er sich damit, in ewig trübem Licht zu hocken und von gelegentlichen *Schein*-Events aufgeschreckt zu werden, besonders aber von gut geschmeichelten Halbwahrheiten. Oder er wird von armseligen Wahnwitzgeschichtchen überflutet.

Gleichwohl bitte ich Sie: Haben Sie noch ein wenig Geduld! Ihr heiß ersehntes Jammertal steht Ihnen noch bevor, Ihr Zufluchtsort für die erträumte Glückseligkeit. Versprochen! – Nun aber zurück zur *zwei*seitigen Behauptung!

Einer*seits* gibt es sie, die wirklich strebsamen Autoren – und ab und zu verfügen sie über beachtliches Talent. Sie aber, die Sie den einen oder anderen schon persönlich kennen dürften, könnten wissen, dass manche dieser Typen durchaus nicht ohne Skrupel sind. Ständig wähnen sie über sich ein Damoklesschwert. Wie eine Warnung vor imaginärer Gefahr.

Meist geht es jedoch um einen normalen Image-Verlust, einen Verlust zumal, den die „Schreiber" selbst verschuldet hatten. Er ereignete sich einfach. Schuld waren ihre unvorstellbaren Koketterien, bei denen ja selbst rückhaltloseste Entblößungen kein Tabu darstellten. Zum Glück ging es nur um mentale Enthüllungen und nur um einen *gefühlten* Verlust.

Da fragt man sich, was die ehrenwerten, meist sogar ziemlich hoch gebildeten Verfasserinnen und Verfasser wohl im Sinn gehabt haben mögen. War es das verzweifelte Bemühen, ihre „bedeutsamen" Botschaften an eine breite Öffentlichkeit zu lancieren? Und dies um jeden „machbaren" Preis?

Anderer*seits* blüht bei uns die Literatur üppig genug, um glauben zu können, dass in der Bildungsrepublik mehr geschrieben würde als gelesen. Hier möchte ich Sie vor sich selbst warnen: Sollten Sie wieder einmal durch einen „stinknormalen" – ich meine einen wie mit *Tretminen* ausgelegten – Buchladen staksen wollen, dann bedenken sie, ob Sie ausreichend versichert sind. Für den Fall eines, gerade dort möglichen, *Falles!*

Wie Sie wissen könnten, vergeht kein Abend ohne eine von den lebenswichtigen Talkshows. Inzwischen sind sie – und dies nicht nur aus Preisgründen – zu einer beliebten Nervennahrung geworden. Bei den meisten Runden gilt es schon längst als normal, dass gleich mehrere Gäste „ihr Buch" vorstellen („Da hab ich doch zufällig eines dabei").

Äußerlich handelt es sich um ein gefälliges Druckwerk; und sein gefühlter Verfasser möchte den Glauben verbreiten, er habe es „ganz alleine gemacht". Im Verlaufe eines solchen abends lassen manche dieser telegenen Höhenflügler einen gänzlich anderen Eindruck entstehen: Nähme man sie bei ihrem *Wort*, wären sie schwerlich in der Lage, einen einzigen sinnreichen Satz zu formulieren.

„Bataillone von namenlosen Handwerkern des Wortes mühen sich, die kargen Gedanken bildschirmfüllender Plappermäulchen zu bunten Bücherblasen zu machen, die auf Bestsellerränge gehievt werden. Die Geisterschreiberei, wie Intellektuelle die Ghostwriter-Profession nennen, ist ein blühender Erwerbszweig geworden." (Matthias Biskupek im „Eulenspiegel" 2/11)

Einigermaßen tröstlich ist deshalb folgendes: Die Zahl jener – *sage* und *schreibe* zunehmenden – Zeitgenossen ist nur eine gefühlte. In Wahrheit liegt sie noch unter der Promille-Grenze.

Außer den Bestsellern gibt es Gott sei Dank noch die „anständigen" Bücher. Unter ihnen sind die „Ratgeber" die ruhmsüchtigsten. Da dürften wohl auch Ihnen anstrengungslos einige einfallen. Ganz bestimmt auch solche über die Schule („über Schule"). Vielleicht erinnern Sie sich noch an Ihre Begegnung mit den „Kleinen Tyrannen"? Und auch an deren Abwehr?

Oh, beinahe hätte ich die beliebteste Spezies vergessen! Ich denke an die Kochbücher, unsere, nur noch mit allergrößtem Aufwand zählbaren wirklichen Überlebensbücher.

Nach meiner Erfahrung verhält es sich mit dem Kochen ähnlich wie mit dem Schreiben. Komischer Vergleich, wird mancher einwenden. Doch ich bleibe dabei. Man könnte mir eigentlich zustimmen – je nachdem, ob man damit schon eigene Erfahrungen gemacht hat.

Dieselben Leute, die erklärtermaßen nie kochen und sich im Verlaufe ihrer gebrochenen Biografie auf Fertiggerichte spezialisiert haben, sind auch diejenigen, die ständig am Essen herumzumäkeln haben.

Ganz anders die Hobbyköche: Jeglicher Art von Kochversuchen – und seien sie noch so verblüffend – zollen sie größten Respekt.

Was nun das Schreiben angeht, so sollten sich vor allem jene in Zurückhaltung üben, bei denen es noch nie zu einer einzigen Seite, geschweige einer Geschichte, gereicht hat. Man bedenke, dass jedes Druck-Erzeugnis, selbst ein nicht unbedingt lesenswertes, erst einmal diverse Hürden zu überwinden hatte, bis man sich endlich damit „öffentlich machen" konnte. Dann erst recht, wenn es jemand ganz allein erschuf.

„Die Ratgeberliteratur schlage eine Schneise der Verwüstung durch Deutschland, hat der Soziologe Ulrich Beck einmal festgestellt. Und in der Tat, für all das, was sich früher von selbst verstand, was man von Mutter, Vater oder aus dem Dorf gehört und gesehen hatte, gibt es heute Ratgeber aus Papier. Viele Menschen denken, sie seien für sich selbst gar nicht mehr kompetent ..." (Manfred Lütz: IRRE)

Dessen ungeachtet wären da noch die segensreichen Hörbücher zu nennen, (für die man übrigens nur von Fall zu Fall ein Hörgerät braucht).

Da fällt mir noch etwas ein – etwas „echt Cooles", wie ich meine: Wussten Sie, dass das Hören gegenüber dem Lesen einen Riesenvorteil hat? Aber ja doch! Es befreit die Schriftsprache von allen ihren unnatürlichen Regeln. Stück für Stück. Es ist den Neoliberalen ähnlich: total individuell, höchst freiheitlich und es geht bald zur Neige.

Und da erscheint mir schon wieder ein Geistesblitz: Schule und Lesen – geht das überhaupt noch zusammen? Muss ja wohl, denn beim Eintritt in die Schule gibt es laut Statistik mehr Analphabeten als bei ihrem Verlassen. Glauben Sie also den Statistiken, sie sagen von Fall zu Fall die Wahrheit. Allerdings gibt es Zeitgenossen, die behaupten, dass wir sie gar nicht brauchten, wenn wir sie nicht hätten: die Statistiken.

„Staatliche und freie Schulen stehen … auf einer Stufe". (Artikel 102 der sächsischen Verfassung)

„ …Freie Schulen entstanden nach der Wende oft auf Initiative jener Elternschaft, die froh war, dem DDR-staatlichen System schnellstmöglich den Rücken kehren und ohne Pädagogen sozialistisch-autoritärer Prägung neu anfangen zu können… Die CDU und kirchliche Kreise spielten und spielen hier mancherorts eine zentrale Rolle. 20 Jahre nach der Einheit kann die Union diese Geschichte nicht so einfach ignorieren und sollte den Trägern eine Art Bestandsschutz gewähren … Das berechtigte Ziel, einen Wildwuchs von Freien Schulen zu begrenzen, sollte separat behandelt werden." (LVZ v. 5. 10. 2010)

Liebe Lese- und (hoffentlich) Schulfreunde, wie finden Sie die folgenden Nachrichten? Um es vorwegzunehmen: Sie sind nicht von jener Sorte, die uns einfach nur kurz mal aufhorchen lassen.

So betrifft die erste Meldung das „schulvermeidende Verhalten". Ein Witz sei das, denken Sie? Dann lesen Sie am besten selbst:

„Bis zu 60% der Schüler weiterführender Schulen in Deutschland geben an, im Laufe ihrer bisherigen Schulkarriere schon einmal einige Stunden oder einen ganzen Tag lang der Schule absichtlich ferngeblieben zu sein." (Deutsches Ärzteblatt, Jg. 107, Heft 4, 28. 01. 2010)

Die zweite:

„ Immer mehr Eltern verweigern ihren Kindern den Schulbesuch."

Einfach unglaublich, überlegen nun selbst diejenigen, die „mit Schule" sonst gar nichts am Hut haben.

Warum um alles in der Welt reden gewisse Leute so etwas einfach daher? Sollten sie nicht heilfroh sein über die glückliche Landung ihrer eigenen Sprösslinge? Nach ziemlich strapaziösen zehn oder auch neun, dreizehn oder zwölf Jahren? Die meisten schafften dies immerhin ohne eine einzige „Ehrenrunde". Umso haarsträubender ist es, wenn es dann heißt, dass die jeweilige Strecke „doch eh nur im Tiefflug" absolviert worden sei!

Doch wie man hört, treibt ihre Nörgelei mitunter sogar noch verwirrendere Blüten:

„Keinesfalls sind wir an einem W i l d w u c h s unserer Kinder interessiert!" –

Welch haarsträubender Vergleich!?

Radix Cichorii con., besagter Wildwuchs also, ist vergleichsweise märchenhaft spindelförmig, beinahe stielrund und nur karg verästelt. Mal ein-, dann wieder mehrköpfig, ist er jedenfalls stark eingeschrumpft. Und trotz allem verfügt er über einen nachhaltig hellen Holzkörper.

Was also wollen die fragwürdigen Zeitgenossen mit ihrem Getue erreichen? Dass die Schulpflicht nicht nur infrage gestellt, sondern abgeschafft wird? Dass stattdessen eine *Bildungspflicht* bei uns eingeführt wird – so, wie bei den österreichischen Nachbarn? Vielleicht auch wieder Hausunterricht statt Schulunterricht? Wieder echte feudale Verhältnisse?

Mag ein, scheinbar recht kurioser, Satz dazu beitragen, erhitzte Gemüter ein wenig zu besänftigen:

„Schulbildung: etwas, das keinem schadet, wenn er sich später die Mühe macht, etwas Ordentliches zu lernen." (unbekannter Verfasser)

Lehrjahre

Auch wenn es die einen verblüffen mag – für die anderen gehört die Sendezeit zur Lebenszeit ganz einfach dazu. Das ist wohl einer der Gründe, weshalb sich „Fernsehmacher" immer nur auf das wirklich Wichtige konzentrieren.

Offenbar lässt es sich nicht vermeiden, dass – trotz der grundgesetzlich zugesicherten Gleichheit – manche unserer Zeitgenossen einen Tick gleicher sind. Ein Umstand, wegen dem sich manche Kultur-*Multiplikatoren* gerne in die Pflicht nehmen. Vor allem, um ihn ausgiebig zu würdigen.

Viele der beliebtesten Rückblenden auf die Lebensläufe von Auserwählten werden inzwischen als Endlosschleifen gesendet. Warum wohl? Weil sie immer wieder neue Wonnen bei uns auslösen. Besonders dann, wenn es um ihre ganz persönlichen Daseinsfreuden geht. Ja, Sie vermuten richtig: Die Rede ist von den „Promis", unseren Leuchttürmen aus Politik, Sport und so genannter Unterhaltung.

Bei mancher ihrer Nabelschauen kann man staunend beobachten, dass sich die Institution Schule bestens dazu eignet, durch den Kakao gezogen zu werden. Nach eigenem Bekunden wollten (oder mussten) viele unserer heutigen Berühmtheiten die Schule *verlassen*, indem sie ihren Besuch dort abbrachen oder regelmäßig das Revier wechselten. Einige im Jahres-Rhythmus und unter Zuhilfenahme von Vitamin B! Heute nun erinnern sie sich genüsslich, dass ihnen die Schule stets als Hort des Schreckens galt. Als ein Sammelsurium von bekloppten Paukern und Zöglingen, die manchem „Null-Bock"-Schüler erschreckend ähneln.

Eines scheint allen gemeinsam zu sein: Partout können sie nicht zugeben, dass es auch für sie Zeiten gab, in denen sie „richtig gerne" zur Schule gingen.

In dieser Hinsicht sind die anderen, die aber ebenso schillernden, Vorbilder keine Ausnahme. Ich denke an die rabenschwarzen, hell- oder dunkelroten, sattgelben oder giftgrünen Politiker. Bei ihnen hat man übrigens den Eindruck, dass in ihren Reihen manche früheren Hallodris besonders willkommen seien. Etwa deshalb, weil nicht wenige von ihnen selbst welche waren?

Ist ein solches Gebaren für eure Selbstdarstellung von Nutzen? Dann, wenn mal wieder „dem Volk nach dem Maul" geredet werden soll? Wo, ihr, ansonsten doch nicht so ganz billigen, Idole, bleibt dabei die Bildung, unsere angeblich wichtigste Ressource? Womöglich dort, wo sie in den letzten Jahrzehnten schon immer geblieben ist: auf der Strecke.

Selbst für den Fall, dass es nun zu mittleren Verunsicherungen käme, tue ich diese spannende Frage auf: Zu welcher Kategorie rechnet man in diesem Zusammenhang die Lehrer?

Trifft es heute immer noch zu, was beispielsweise im „Spiegel"-Artikel (46/ 2003) behauptet wurde? Dass „das Lehrerzimmer ein Auffangbecken für Studienversager, Mittelmäßige, Unentschlossene, für Ängstliche und Labile" sei, „kurz: für Doofe, Faule und Kranke"?

Zu meiner Zeit – da vermuten Sie teilweise zu Recht – war alles ganz anders. Für einen Schüler wie mich, der tagtäglich aufs Neue am Schwanken war, am Schwanken, ob er Bäcker, Feinmechaniker oder einfach nur Dolmetscher werden sollte, kam jene Maßnahme wie gerufen. Und sie war von bildungspolitischer Relevanz. In der DDR gehörte es sich, dass herausragende Ereignisse mit einer kraftvollen Parole einhergingen, die naturgemäß etwas zu suggerieren hatte:

„Zehntausend FDJler werden Lehrer!".

Um der vollen Wahrheit die Ehre zu geben, hatte ich noch nie über eine derart verführerische Variante nachgesonnen. Nun aber kam mir, dem waschechten Arbeiterkind, in den Sinn, dass sich hier eine Chance für mich auftäte, eine höchstvermutlich einmalige. Einer wie ich konnte seinem Arbeiter-und-Bauern-Staat aus der Patsche helfen. Noch dazu auf eine ruhmvolle Weise.

Ich war der Meinung, dass es für jeden Lehrer – auch für jeden angehenden – recht und (wahrscheinlich) billig sei, Schüler zu *ordentlichen* Menschen zu erziehen. Neben allem anderen, das einem Lehrer oblag. Dies schrieb ich dann auch in die entsprechende Spalte meiner Bewerbung.

Aber Pustekuchen! Mit einer solchen Einstellung – so deutete ich die rote Rückmeldung – befände ich mich nur äußerst scheinbar auf dem Pfad der Tugend. Darum – so mein Deutschlehrer – hielte er meine Willensbekundung, so ehrlich sie auch gemeint sein mochte, für reichlich abwegig.

Da begann ich – zuerst nur hin und zurück, dann aber auch kreuz und quer – zu überlegen, wie wohl ein solch flammendes Rot zu deuten sei. Mir war immerhin klar, dass es mich dringend zu einer Korrektur bewegen sollte. Doch zu welcher? Eine plötzliche Eingebung brachte mich auf die gesuchte Formulierung. (Heute hieße sie vermutlich „zielführende"). Wie Schuppen fiel es mir von den Augen: Es ging nur um ein einziges Wort, um eine Mutation desselben Adjektivs, das für mich mittlerweile zum Reizwort geworden war. Durch meine Gedankenlosigkeit! Mir, einem unglaublich Naiven, hatte es nicht das Geringste signalisiert. Doch endlich lieferte ich ihn, den nachgebesserten Bewerbungsgrund:

„Ich will mich bemühen, alle meine künftigen Schüler zu *sozialistischen* Menschen zu erziehen."

Und siehe da: *das* klappte. Weil ich mich so eindeutig als lernfähig erwiesen hatte, als flexibel und anpassungsfähig, war das „Ding" quasi „im Kasten".

Was anschließend geschah, war unvermutet abwechslungsreich, schon deshalb, *weil es war* (!) mein allererstes Studienjahr. Rückblickend und, ehrlich gesagt, ein wenig abgehoben, betrachte ich jene Zeit manchmal als „meine Schule für die Schule".

Wie überall, gab es bei uns auch einige kritische Geister. Von vornherein fanden sie die meisten Unterrichtsinhalte ziemlich abartig. Wenngleich auch ich von diesbezüglichen Zweifeln gepackt war, hoffte ich doch sehr, dass sich hinter all dem Ungewohnten irgendeine anspruchsvolle Zielstellung verbergen möge. Könnte es nicht einfach so sein, dass man uns, der so genannten Intelligenz von morgen, auf diese besondere Weise die notwendige Bodenhaftung verschaffen wollte?

Schon der tägliche Umgang mit ungewohnt harten Materialien machte uns willensstark wie nie zuvor. – Aber nun ausnahmsweise mal ein Stück „vom Ende her" gedacht:

Eines Tages zeigte sich unser Kollektiv bereit, auch die zweite Hälfte der Ausbildung zu ertragen. Trotz gestutzter Flügel, ohne Murren und – was manchen über sich hinauswachsen ließ – in einer gänzlich neuen Heimat. Für die zweite Halbzeit zogen wir um. Buchstäblich mit Sack und Pack und naturgemäß: in eine richtige LPG.

Zunächst einmal ging es um etwas total Fachfremdes, um einen „Grundlehrgang Metall". Sollte der etwa helfen, unsere hoch fliegenden Pläne schnell zu vergessen? All die diversen Spinnereien, mit denen sich mancher eine bevorzugte Beachtung in der großen Stadt verschaffen wollte? Zu unserer Verteidigung muss gesagt werden, dass wir bis vor kurzem selbst noch Schüler waren. Einige immer noch richtige Kindsköpfe, die ja noch nicht einmal altersmäßig erwachsen waren. Ausnahmslos kamen wir aus kleinstädtischer oder dörflicher Idylle und mussten uns, ohne die geringste Fahrpraxis, sofort auf gefahrvoller Schnellstaße bewegen. Doch diesbezüglich hatten wir großes Glück. Nach einem Vorschlag, den uns die FDJ-Leitung des Instituts unterbreitet hatte, sollten wir uns „doch einfach mit den Anforderungen vertraut machen, wie sie die sozialistische Produktionsweise tagtäglich auch an die besten Teile der Arbeiterklasse stellt!" Für uns wäre es deshalb am günstigsten, „sich mit diesen zu *infizieren.*"

Ein kluger Gedanke, dieser Ansteckungsvorgang der LPG bei der industriellen Produktion! Und er schien einer (vermutlich nur mir) einleuchtenden Logik zu folgen, indem er unterstellte, dass nun jene Maschinen zum Einsatz kämen, deren ramponierte Teile wir im ersten „Semester" wieder hergerichtet hatten.

Beinahe hätten wir schon wieder richtig gedacht. Doch leider mussten wir erfahren, dass unser Glaube nur ein Hirngespinst war. Nicht nur, dass unsere so kostbaren Liebhaberstücke von den Stammkollegen in keiner Weise geschätzt wurden, nein, sie verschwanden ausgesprochen lieblos in einer Abfallkiste. Ausnahmslos allen unseren Kleinodien erging es so. All unseren stählernen Produkten, die von uns, Millimeter für Millimeter, nicht nur mit heißem Herzblut, sondern genauso mit kaltem Angstschweiß getränkt worden waren!

Natürlich war dafür keine Entschädigung vorgesehen. Umso überraschender war die Art der *Abfindung*, die eines Tages über uns kam. Sie war wie üblich einseitig zu leisten, sprich von uns. Als künftige Seelenbildner, hatten wir uns selbst *abzufinden*, nämlich damit, dass uns nun noch fünf weitere Monate bevorstanden. Monate, die unserer weiteren Menschwerdung dienen würden.

Ohne dass ich mich besonders anstrengen müsste, fallen mir aus jener Zeit diverse Episoden ein. Zum Beispiel die „ergebnisoffenen" Nahkämpfe, die wir mit den, überpünktlich zu melkenden, schwarz-bunten Rindviechern auszutragen hatten. Oder auch die Auseinandersetzungen mit immer denselben, blondlockig-süßen, sündhaft dummen Schafen. Nicht zuletzt die Zerwürfnisse mit so manchem saumäßig stinkenden, dreckigen Schwein.

Auch die abartige Funktion unserer Zähne wäre zu erwähnen: Oft mussten wir sie schon zusammenbeißen, bevor wir etwas zu kauen gehabt hätten. Sättigend war schon der Anblick. Es war der völlig unvermutete Anblick von, halb toten Hühnern ähnelnden, Kreaturen. Selbst ihre allerletzten Produkte hatten sie irgendwo einfach liegen gelassen.

Eines war sicher: Unserem Endziel, der dringend von uns erwarteten Bodenhaftung, waren wir wieder „ein Stück weit" näher.

Und es gab auch noch diese blitzartig *schlagenden* Argumente, die wir mit Fliegen und Mücken austrugen. Wir fühlten sie umso intensiver, je unzählbarer die Tierchen waren. Wohlgestaltige Würmer und andere Ekelpäckchen gesellten sich zuverlässig zu ihnen dazu. Alles in denselben Unterkünften, die wir erst kurz zuvor mit übergroßen Mühen hergerichtet hatten. Natürlich für uns Menschen! Und wohl gerade deshalb erblicke ich auch *sie* noch manchmal vor meinem geistigen Auge: die zahllosen, zielorientiert fliehenden Ratten.

Eines Tages machten einige Naturfreunde von uns Bekanntschaft mit einer Unzahl von namenlosen Feldsteinen. Jahrelang – so erschien es uns – dürften sie ohne jegliche Ordnung und unbeachtet in der Gegend herumgelegen haben. Nachdem aber ausgerechnet wir so unvorsichtig gewesen waren über sie zu stolpern, mussten sie schnellstens von ihren Liegeplätzen entfernt werden. Durch wen? – Durch uns. Und so war die LPG nach ganz wenigen Tagen auch diese Sorge los.

Gelegentlich kam es vor, dass wir stark vereinsamte Kartoffeln fanden. Irgendwer hatte sie – wahrscheinlich ohne besondere Absicht, keinesfalls aber aus orthopädischer Sicht – viel zu tief versteckt. Was blieb uns anderes übrig, als sie wieder hervorzuholen?

Doch als größte Schmach empfanden wir die Maßgabe, dass wir demnächst vor unzählbaren Rübchen zu buckeln hatten, vor grob geschätzten zehn Millionen. Ausgerechnet im Wonnemonat! Es ging um Pflänzchen, die herausschossen, *wo* und *wie* sie wollten. Das eine Mal standen sie viel zu dicht – alle auf einem Trampel –, während sie uns gleich daneben unverantwortlich dünn vorkamen.

Obwohl unsere Aufgabe ja eine ganz andere war – eine im weitesten Sinne ziemlich pädagogische –, schien sie momentan ausschließlich im (V)erziehen von Rübchen zu bestehen.

Doch es gab auch so manchen Lichtblick: Der Acker an sich, auf welchem die Pflänzchen einfach so herumstanden, war nicht nur unvergnüglich sonnig und trocken; er garantierte gleichsam, dass wir öfter unseren krummen Rücken zuneigten als etwaigen krummen Touren.

Immer dann, wenn ich über diese Zeit nachdenke, fallen mir auch ein paar dummgeile Genossenschaftsglieder ein und genauso etliche Dorftrottel. Waren sie es doch, die unsere Mädchen „anbaggerten", wann und wo es nur ging. Oder sollte man dies als das Ergebnis von deren unbestreitbarer *Entwicklung* einfach tolerieren?

Für uns, die dringend entwicklungs*bedürftigen*, die männlichen Lehrerstudenten, war die Sache natürlich einfacher. In bescheidener Regelmäßigkeit durften wir Zaungäste bei mancherlei bäuerlichen Zusammenkünften sein. Allerdings gelang es mir kaum zu begreifen, was dabei in mir vorging. Vermutlich war es eine Mischung aus diffusen Erwartungen, gespieltem Interesse und immer wieder neuer Verblüfftheit.

Am meisten staunte ich über die *Bewegungsmelder*. Sie waren damals noch nicht serienmäßig im Einsatz, daher strengstens personengebunden. Als solche fungierten nämlich die augenfälligen genossenschaftlichen Einzelwesen, die ich meine. Es passierte dann, wenn sie, urgemütlich und ungebremst schlingernd, unvermutet irgendwo auftauchten. Erstaunlich, dass sie sich im selben Maße, wie sich schon früh „die

Kante" gaben, auch noch am Abend *volle* Unterstützung leisteten. Und dies in jedem, meist vorhersehbaren *Fall.* Besonders, wenn es ein *freier* war. Dann war zu vermuten, dass sich die Genossenschaftler – oftmals waren sie dabei gleichzeitig an- und abwesend – schon „im Vorfeld" recht nahe gekommen waren: *schlückchen*weise.

Dennoch waren wir nach diesem, buchstäblich *gefühlten*, ersten Studienjahr unserem Endziel „ein Stück weit" näher: Wir waren wieder ein wenig l e e r e r.

Das sich anschließende Schulpraktikum war gleichermaßen eine Bewährung. Doch von einer ganz anderen Art. Obwohl man es damals noch nicht mit einer Spezies zu tun hatte, die weit mehr Stunden des Tages vor Bildschirmen denn mit Büchern verbrachte, war auch ihr der latente Bedarf an *action* schon deutlich anzumerken.

An dem besonderen Tag nun, von dem hier die Rede sein soll, und den ich mir später als *Doppelstart* verbuchen durfte, fehlten bis zum Stundenbeginn immer noch zwanzig Minuten. Das Ganze kam mir wie eine kleine Ewigkeit vor und machte mich zunehmend kribbelig. Heute würde es um meine allererste Unterrichtsstunde gehen, eine Stunde, für deren Verlauf ich ganz allein die Verantwortung tragen würde. Hitzewellenartig begann es in mir hochzusteigen: Wer hätte noch bis vor kurzem gedacht, dass du nun schon so etwas wie ein richtiger Lehrer sein würdest, schoss es durch meine Gedankengänge!

Wie ich also sinnend vor der Tür stehe, stürmt eine vielköpfige Schar heraus. Sicher gehörte sie zu der mir bevorstehenden Klasse. Ich falle fast aus allen Wolken, als ein Knabe ungestüm an mich herantritt und fragt:

„Wissen Sie schon das Neuste?"

Leider weiß ich es nicht.

„Der erste Mensch ist im All!"

Da ich davon nicht die geringste Ahnung hatte, entgegne ich bedeppert: „Seit wann denn?"

„Seit heute früh."

Das fehlt mir jetzt gerade noch! Zum Glück bleibt diese spontane Reaktion unausgesprochen. In mir beginnt es zu arbeiten: Was tun? Wäre dies wohl der Moment, um über Lenins „Zwei Taktiken der Sozialdemokratie" genauer nachzusinnen? Just in dem Moment überfällt mich eine Eingebung, die ich für meine Lage für durchaus geeignet halte. Weil es sich doch ohnehin um eine Musikstunde zu handeln hat – allerdings mit einem ganz anderen Thema –, fühle ich mich befugt, ebenfalls den „freien Flug" zu wagen. Ich werde auf ein Lied umsteigen, das dem besonderen Ereignis angemessen zu sein scheint. Also entscheide ich mich ohne weiteres Zögern für die Arbeit an dem Titel „Zu den Sternen lasst uns fliegen!". Meine Auswahlmöglichkeiten sind, ehrlich gesagt, äußerst begrenzt. In mir rumort es! Auf jeden Fall muss ich den Stimmumfang der Kinder, gleichfalls aber meine tatsächlichen Fertigkeiten auf der Geige (und ohne vorheriges Üben!), berücksichtigen. Sonst würde vielleicht auch ich „in den Sternen" landen?

Obwohl das Ganze höheren Qualitätsansprüchen kaum genügt haben durfte, bekam ich vom Lehrerbildner ein mittleres Lob für die Stunde. Bei diesem Kollegen handelte es sich nicht nur um den maßgebenden, sondern auch um den einzigen, der in jener Stunde bei mir hospitiert hatte. Wie er, still vor sich hinlächelnd, bemerkte, bekäme ich das Lob vor allem dafür, dass ich eine derartige Mutprobe so gut bestanden hatte.

Was damals abgelaufen war – aus heutiger Sicht in einer kaum glaubwürdigen Weise –, regte mich manches Mal noch zum Nachdenken an: Sollte nicht auf der Palette eines jeden Lehrers eine ähnliche Risikobereitschaft zu finden sein?

Der Riss

Der sensationelle Riss durch die Metropole war noch kein Dutzend Tage alt, als es bei mir ernst wurde, ernst mit dem *Pädagogisieren.* „Richtig ernst", wie man heute sagen müsste. Genau erinnere ich mich noch an jenen Montag, einen Tag, der sonst nichts Besonderes zu sein schien.

Vor mir gingen drei Mannspersonen, die – wie auch ich – soeben die Straßenbahn verlassen hatten. Ohne jeglichen Grund blieb ich einfach hinter ihnen und begann mich für sie zu interessieren. So etwas tat ich des Öfteren. Eine Angewohnheit, bei der ich ungeniert ein Auge auf stockfremde Leute warf; mich dafür aber umgehend und halbherzig bei mir selbst entschuldigte, wenn ich mich wieder einmal beim Gucken ertappt hatte. Es sei eben eine Schrulle, die ich ererbt hätte, so spielte ich dann die Sache herunter.

Abgesehen davon hätte man die drei Gestalten ohnehin nicht als ge-wöhnliche Figuren „verortet". Das hatte auch etwas mit der Uhrzeit zu tun und mit ihrer Art zu gehen. Vielleicht sogar damit, wie sie ihre schmalen Mappen trugen, so nämlich, als ob sie die nur rein gewohn-heitsmäßig mit sich führten. Was also zunächst nur eine Vermutung war, wurde mir plötzlich zur Gewissheit: Die drei ominösen Herren gehörten keinesfalls zur Arbeiterklasse, zumindest nicht im eigentlichen Sinn!

Doch was war jetzt mit ihnen los? Wie auf Kommando strebten sie der anderen Straßenseite zu. Doch nicht deshalb, weil in der Nebenstraße eine Schule stand? Womöglich jene, die auch ich anpeilte? Nun war ich doppelt verunsichert, denn ich kannte die Gegend ausschließlich von meinem Vorstellungsgespräch.

„Heute bin ich ausnahmsweise auf den Pädagogischen Rat gespannt", erklärte unvermittelt der Typ in der Mitte in einer passablen Lautstärke. Es war der unmittelbar vor mir Gehende.

Also doch!, fiel bei mir nun auch der allerletzte Groschen: Das sind Lehrer! Ich erblicke somit leibhaftig meine ersten Kollegen!

„Da staun' ich aber", entgegnete sein linker Nebenmann, den sie Erich nannten. Seine Stimme klang rau wie Sandpapier, außerdem hatte er, sehr deutlich hörbar, unter Atemnot zu leiden. Nun aber fuchtelte er aufgeregt mit seiner Kunstledermappe herum, wobei er um ein Haar gestolpert wäre.

Der rechts gehende Typ – er trug eine blassgrüne Joppe und einen Jägerhut-Verschnitt – ergänzte:

„Da staune ich ehrlich gesagt aber auch. Du machst das Theater doch nicht zum ersten Mal mit, Günter. Sag mir doch mal, was ausgerechnet heute so spannend sein sollte! Ich versichere dir, dass es auch heute wieder ablaufen wird wie in jedem Jahr. Am Anfang wird sich das übliche ND-Deutsch über uns ergießen. Zur Ermunterung ein paar ideologische Taktschläge im Volkston, so also, wie sie von der Kreislehrerkonferenz zu uns herüberhallen sollen. Schließlich die schulorganisatorischen Informationen – das einzig wirklich Brauchbare ."

„Aber deswegen doch nicht", verteidigte sich der Angesprochene und setzte dazu eine beleidigte Miene auf. „Ich bin doch lediglich mal gespannt, wer heute überhaupt noch da ist."

Der dritte Typ blieb schnaufend stehen und kratzte sich aus Versehen am Hut, statt am Hinterkopf. Plötzlich fragte er scheinheilig: „Moment mal! Du meinst doch nicht im Ernst, dass jemand von unserer Truppe noch die Kurve gekriegt hat? Sozusagen in letzter Minute?" Er blickte konsterniert drein, hielt leicht den Kopf schief und kniff ein Auge zu, während er dabei vom anderen die Braue hochzog.

„Allerdings glaube ich das!", ereiferte sich Günter, ließ seinen Blick ein wenig schweifen und griente genüsslich. „Also von Albert zum Beispiel weiß ich es schon mal bombensicher. Wie euch bekannt sein dürfte,

wohnt ein Onkel von ihm in meinem Haus. Und dem hat er eine Karte geschrieben. Und wisst ihr, von wo? Aber das glaubt ihr sowieso nicht!"
(Äußerst gespannte, auf Günter gerichtete Blicke).
„Hamburg!"
„Das gibt's doch nicht!", platzte der Jägerhut-Kollege heraus, schmiss die Arme nach vorn, ging blitzschnell in die Knie und krächzte: „Unser teuerster Towarischtsch! Ich fass' es nicht, ausgerechnet unser Russisch-Titan."

Alle drei schwiegen sie plötzlich. Hatten sie mitbekommen, dass jemand hinter ihnen ging?
Und ich, dachte ich perplex, was hatte ich an jenem 13. August gemacht?

Mit dem Fahrrad war ich unterwegs gewesen, in der felsenfesten Hoffnung, dass dies „Ziel führend" sei. Zu fast allen im Dorf, die einen Fernseher besaßen, war ich geradelt. Ich hatte unverblümt angefragt, ob sie mich am Abend wohl bei sich gucken ließen. Ja, ja, nicht *während*, sondern *nach* der „Aktuellen Kamera".
Da wussten die Ärmsten beim besten Willen nicht, was sie antworten sollten. Einige dachten, ich belöge sie, wollte sie nur aus der Reserve locken und gar zu einem Bekenntnis animieren. Die vor allem, die ihre Westantenne nicht *auf*, sondern *unter* dem Dach hatten. Also setzte man eine unbeteiligte Miene auf, druckste ein wenig herum und – verneinte. Alle, ohne Ausnahme.
Keiner hätte sich vorstellen können, dass es tatsächlich jemanden geben könnte, der von den Berliner Ereignissen keinen Schimmer hatte und sich stattdessen schamlos „Die verkaufte Braut" „reinziehen" wollte.
Aber es gab jemanden, zum Beispiel mich. Wie kam das? Den „Frühlingschor" aus dieser Oper hatte ich schon mehrmals im Institutschor

mitgesungen. Erst vor kurzem wieder, auf der Freilichtbühne am Strand von Warnemünde. Als einer der – stets zu wenigen – Tenöre.

Der Stand der Dinge war nun folgender: Die peinlich Befragten kannten inzwischen mein Ansinnen, den Hintergrund dagegen hielten sie für ein Hirngespinst. Aber sie alle, die mit mir draußen vor ihrer Tür standen, blieben höflich. Obwohl sie rattenscharf darauf waren, drinnen ja nichts zu verpassen. „Sonst gerne", beteuerten mir zwei von ihnen.

So gesehen war meinem Beginn als Lehrer und meinem Start als ABC-Schütze etwas gemeinsam: Es handelte sich beide Male um historische Ereignisse. Dennoch gab es einen Unterschied: Während sich im Herbst '49 alles um die *Geburt* eines neuen Staates drehte, ging es ein Dutzend Jahre später um wesentlich mehr, denn man wollte nun dessen *Pubertät* begleiten.

Speziell dazu schätzten die zuständigen Kader ein, dass einige der Begehrlichkeiten, die von zahllosen DDR-Teenagern immer unverblümter signalisiert wurden, sofort unterbunden werden müssten. Aber wie? Und vor allem, durch wen? Da meldeten sich, wie auf einer Woge vorauseilenden Gehorsams, erstaunlich viele Helfershelfer. Manche sogar auf geheimen Befehl. Sie alle bekundeten, dass sie sich als eine Art Patenonkel oder -tanten verstünden und zutrauten, besonders solche Jugendfreunde, die ungeschützt durch die Gegend irrten, unter ihre Fittiche zu nehmen. So könnten sie sie vor einem Glück bewahren, das doch nur ein scheinbares sei. Notfalls brächten sie auch eine Sonderbehandlung ins Spiel. Das sei ein speziell dafür gemauerter *Reifring*. Der könnte bei weitem nicht nur der Bewahrung ihrer Jungfräulichkeit dienen.

Doch wie sah es derzeit mit der Landbevölkerung aus, mit deren Schutz vor Nagetieren? Keine Sorge, so die Auskunft, einige Rollen *Stacheldraht* seien für den Ernstfall immer auf Lager!

Nach der ersten flüchtigen Bekanntschaft, die ich, als ein Lehrer-Frischling, schon mit drei un(be)zweifelbaren pädagogischen Autoritäten auf der Straße gemacht hatte, bestätigte sich meine Ahnung. Obwohl mir beinahe alle Gesichter noch fremd waren, konnte ich schon beim ersten Betreten des Lehrerzimmers etwas spüren. Es war zwar etwas Undefinierbares, doch nichtsdestoweniger war es etwas Bekanntes. Etwas, das mancher Altersgenosse nach der Wende ebenfalls gespürt haben dürfte: wie sehr sich nämlich manche Bilder glichen!

Drei Tage später begann für mich der viel zitierte Ernst des Lebens. Reichlich nervös stand ich vor achtunddreißig Mädchen und Jungen. Kerzengerade hielten sie sich und antworteten voller Stolz mit ihrem schneidigen „Immer bereit!" Immerhin hatten sie das ja schon zwei Jahre trainiert. Bekundeten sie damit, dass sie es wirklich mit mir darauf ankommen lassen wollten? Sechsmal die Woche, vier Stunden an jedem einzelnen Tag. Würde es davon hoffentlich weniger üble als wohle geben!

Ich setzte eine strenge Miene auf und tat so, als ob all dies ganz leicht für mich sei. Buchstäblich *kinder*leicht.

Unter den zu unterrichtenden Fächern gab es auch eines, das mir nur zweifelhaftes Vergnügen bereitete. Ich war darin selbst ein wenig unterbelichtet – um es milde auszudrücken. Umso mehr erwartete ich, dass meine jungen Mitarbeiter – zumal sie in Kürze den Reifegrad eines „Thälmannpioniers" erlangen wollten – ihre ganz persönlichen Erkenntnis-Blitze auch an mich aussenden würden.

Und siehe, es gab ihn, den blitzenden Edelstein! Alle nannten sie ihn Karli. Zugegeben: Figürlich war er damals ein Kleiner, doch umso größer schon in Mathematik. Folgerichtig wurde etwas ganz Großes aus ihm: Er wurde Finanzminister in einem der neuen Bundesländer. Und hatte als Chef einen *Vogel*.

Dennoch treibt mich eine Frage immer noch gewaltig um: Woher kannte er die vielen Zahlen mit den kaum noch zählbaren Nullen? Zahlen, die schon zu seiner Zeit mächtig gewaltig waren?

Inzwischen hat er sein mächtiges Amt gar nicht mehr inne und wechselte in ein anderes, genauso bedeutendes. Hoffentlich hat das alles nichts mit mir zu tun? Vielleicht ist es aber ganz einfach: Er konnte sich diese, allmählich immer noch größer gewordenen, Zahlen gar nicht mehr genau vorstellen. Oder aber es ist ihm, dem Doktor *Zeh*, etwas auf einen davon gefallen?

Neues vom Lehrerdasein

In unserem Land ist das Ansehen des Lehrers gemeinhin ein umstrittenes. Nicht nur, weil es schon traditionell halbwegs belastet ist, sondern weil seine Akzeptanz – mehr als in manch anderem Beruf – vom Befinden so genannter *Bedeutungsträger* abhängt. Und so „macht" ausnahmsweise die Vermutung „Sinn", dass die Erfahrungen der heutigen Eltern, jene Erfahrungen also, die sie mit ihren eigenen Lehrern gemacht hatten, Schuld daran trügen.

Andererseits behilft man sich mit der Auffassung, dass dieser Missstand doch nur ein pekuniärer, ein *(Un)mittel*-barer, sei. Damit redet man schlicht an der Sache vorbei. Geht es denn wirklich nur um einige fehlende Unterrichtsmaterialien? Geht es vordergründig um die schlechte Bausubstanz mancher Schulen, eventuell um eine fragwürdige Eingruppierung und Bezahlung der Lehrer? Oder geht es vielmehr darum, dass man die dramatisch fehlenden Lehrerstellen auffüllte – anstatt dafür die Zahl der Beamtenstellen in den einzelnen Bundesländern beizubehalten?

Wissenschaftliche Studien belegen, dass kaum ein Zusammenhang zwischen Ausgaben und Schülerleistungen besteht. So hat zum Beispiel Singapur exzellente Schüler und gibt weniger aus als andere OECD-Staaten.

Die allseits und seit Jahren beschworene Verkleinerung der Klassenstärke wirkt sich ebenso nicht automatisch auf die Qualität des Unterrichts aus. Es sei denn, die Ansammlung pro Klasse überstiege die Höhe von etwa dreißig.

Was die Bezahlung der Lehrer angeht, so liegt sie vergleichsweise auf einem beachtlich hohen Niveau. Rund 85% der Ausgaben im deutschen Schulsystem entfallen auf Lehrer. Der OECD-Durchschnitt dagegen liegt bei 64%.

Weil also fast alle diese Ansichten „viel zu kurz greifen", ist guter Rat unglaublich teuer …

Auch an der guten alten Relativitätstheorie liegt es diesmal wieder nicht.

Es waren zufällig die ärmsten Länder, die mich, gewissermaßen „vor Ort", vom Gegenteil solcher Sichtweisen überzeugten. Keinesfalls soll damit irgendetwas verharmlost werden! Ganz im Gegenteil. Die zahllosen Erscheinungen des Mangels, wie sie natürlich auch von uns vorgefunden wurden, sollen viel mehr als das angesehen werden, was sie sind: bestürzende Zeugnisse der dort herrschenden Armut!

So verfügte das Direktorenzimmer mitnichten über den repräsentativen Schreibtisch, den bequemen Drehsessel, die gediegenen Aktenschränke und die übersichtlichen Stundentafeln. Worüber es stattdessen verfügte, das war ein wackeliger, spartanischer Tisch. Auf ihm schienen sich ein Blatt Papier, ein Bleistiftstummel und ein Handy ganz schön verloren zu fühlen. Außer ihm und ein paar notdürftig zusammengezimmerten Hockern gab es aber auch einen verblüffenden Blickfang. Damit meine ich eine riesengroße Papptafel.

Jeder, der Lust dazu hatte, konnte darauf Dinge ablesen, die in Deutschland unverzüglich den Datenschutz auf den Plan gerufen hätten. Zu sehen waren die Namen aller zur Schule gehörenden Lehrer und deren Alter, ihre Dienstjahre, der erreichte Schulabschluss sowie der erreichte Grad der Ausbildung. Ferner die jeweils zu erteilenden Fächer und – ihr Jahresgehalt! Dazu noch einige Details, deren Bedeutung sich mir aber bis heute nicht erschließen mochte.

Man stelle sich vor, dass dort, in Tansania, Tafelanschriften jeglicher Art nicht – wie etwa bei uns üblich – schon nach kürzester Zeit wieder vernichtet werden. Alle derartigen Darstellungen – sie betrafen vorwiegend naturwissenschaftliche und sprachliche Themen – waren auf die Außenwände der Baracken aufgebracht. Eine praktische Sache, denn so machten die Lehrer aus der Not eine Tugend. Auf diese Weise konnten

Formeln, Zusammenstellungen, Lehrsätze usw. für beliebige Zeit und für jedermann sichtbar sein.

Das aber, woran ich mich am deutlichsten erinnere, das ist dort eine Selbstverständlichkeit. Ich meine das respektvolle Verhalten aller Schüler (und Eltern) gegenüber dem Lehrkörper! Kein Wunder also, dass meine Frau und ich zu einer Überzeugung gelangten, die uns zunächst einmal verblüffte: Erst durch das Überwinden Tausender von Kilometern wurde es uns ermöglicht, Selbstverständlichkeiten, wie sie Unvoreingenommenheit, Ehrerbietung und spontane Gastfreundschaft darstellen, wahrhaft kennen zu lernen. Wir, zwei unangekündigte Fremde, erlebten einige von den vermeintlichen Allgemeinplätzen „in echt". Noch dazu alles aus dem Stegreif und fernab der europäischen Hochkultur.

Unser Blutdruck, der, dort in Tansania, schon längst auf der Höhe seiner Aufgaben gewesen sein dürfte, erfuhr jedoch noch eine Steigerung. Als wir in eine Musikstunde – uns nicht schlechterdings *begaben*, sondern förmlich hineinplatzten –, zählten mich die circa zehnjährigen Schüler augenblicklich zu den Mitwirkenden. Nach kürzester Zeit hatten sie sich auch an unser sonderbares Outfit gewöhnt, sogar an meine Erscheinung als dem Vollbärtigen in kurzen Hosen. Wortlos drückte mir ihre freudig bewegte Lehrerin ihr Instrument, eine *R'bab* – so heißt diese Art von zweisaitiger Geige – in die Hand. Aber nun waren auch wir *sprachlos*.

Derart unkompliziert erlebten wir eine Situation, die man in Deutschland als eine kaum lösbare beschwört und mit gemischtesten Gefühlen als I n t e g r a t i o n bezeichnet. Nach meiner Überzeugung sind die mangelnden Kontakte zu ausländischen Mitbürgern ein wichtiger Grund für die verbreitete Unsicherheit. Und zwar auf beiden Seiten.

Wieder zurück zur Musikstunde! Der anschließende Jubel war überwältigend. Auf Anhieb war es mir nämlich gelungen, Geräusche zu erzeugen, die denselben Tönen ähnelten, wie man sie normalerweise von jenem Instrument kannte.

Auch in anderen Gegenden des Erdballs durften wir schon staunend zur Kenntnis nehmen, in welcher Weise die Autorität des Lehrers so etwas wie Balsam für die Seele einer Schule sein kann.

Und obwohl dies nicht nur Bildungsexperten längstens bekannt sein dürfte, beklagen wir in der Bildungsrepublik zunehmend das ganze Gegenteil.

Leider trägt die so genannte öffentliche Meinung selten dazu bei, das offenbar angekratzte Lehrer-Image neu zu polieren:

„Was die Lehrer in einer Woche arbeiten, habe ich schon bis Dienstagabend geschafft." (Das immerhin meinte Kurt Beck meinen zu müssen).

Auf der gleichen Welle dümpelte Schröder (als Ministerpräsident): „... ihr kennt das doch – die faulen Säcke!".

„Lehrer sind weltfremd, haben keine Ahnung von der Wirtschaft, haben 75 Tage Urlaub, die sie besser in der Produktion verbringen sollten." (So die Seelenbildner in mancherlei Augen der Wirtschaft).

Dabei kann nicht oft genug unterstrichen werden, dass Bildung eine Frage der Wertschätzung ist. Vornehmlich der *gesellschaftlichen* .

„So lange an dieser Front kein Umdenken einsetzt, führt kein Weg aus der Bildungsmisere heraus. Da können Bund- und Landeslenker ... schachern wie sie wollen. Doch da sie Rechenspiele schon für Politik halten, hapert es wohl auch bei ihnen an der Bildung." (LVZ v. 15. 12. 2009)

Im Einklang mit meiner persönlichen Überzeugung, dass nämlich die gleichen Praktika, die als unumgänglich für jeden Schüler gehalten werden, auch für manchen Lehrer gewinnbringend sein dürften, stelle ich nun die Frage:

Warum sind ausgerechnet diese, angeblich so zweifelhaften, Lehrer-Typen unverhältnismäßig zahlreich im Bundestag vertreten?

Was jedoch das Stimmungsbarometer noch weiter sinken lässt: Bei uns hat jeder das Recht, ja vermeintlich die Pflicht, seinen höchsteigenen Senf auch noch mit dazuzugeben. Dann umso mehr, wenn er selbstlos die Meinung vertritt:

„Erziehung ist, die Kinder dahin zu bringen, die Fehler ihrer Eltern zu wiederholen." (Arno Schmidt)

Ein Musik-Asket

Manchmal ist manches doch ziemlich vertrackt. Dies gilt für den unbeliebtesten Minister nicht weniger als für einen unbescholtenen Familienvater. Und obwohl beide um *sie* wissen, müssen sie mit *ihr* hinter dem (Gutten) Berg halten. Gemeint ist hier die dunklere von zwei Seiten derselben Medaille. Deshalb möge das folgende Opus, genannt „Bild von einem Mann", helfen, die Misere ein wenig zu lindern!

Es zeigt im Vordergrund einen weißblond-gelockten Endvierziger. In einem Korbsessel fläzend, lässt sein Volumen – abgesehen von einigen Fehlfarben im Gesicht – den Verdacht zu, dass er im Falle eines geplanten Fliegens schon allein für seine Person zwei Tickets bräuchte. (Falls es in Bälde noch etwas gerechter zuginge). Wie man erfahren konnte, hält er sich aber nicht nur für einen gewieften Sachsen, nein, er fühlt sich unumwunden zu einem so genannten *Aufschwung-Multiplikator* berufen. Seit dem legendären ver*kohl*ten Blühen sei dies unumkehrbar für ihn – und auch alternativlos.

Hat jemand Lust bekommen, dem Bild noch ein paar Kleinigkeiten hinzufügen? Einfach, um ihn, den immerhin schon mit Goldkettchen behängten, oberlippenbärtigen Bommelschuhträger, zum echten *Neufünfländer* mutieren zu lassen?
   Die Rede ist also hier von einem Nach-Wende-Recycling-Betreiber, einem, auf Hochglanz polierten, *Pseudo-Dynamo* namens Manne Utzig. „Der alten Zeiten wegen" hätte er es wieder mal für günstig erachtet, „so ganz spontan", wie er betonte, „heute mein Gast zu sein."

Nach und nach mussten alle meine anderen Gäste den Eindruck gewinnen, dass er sich auf einen längeren Aufenthalt bei mir eingerichtet hatte. Einem, zunächst völlig störungsfreien, Nickerchen folgte ein ausgewachsenes Schnarchen. Unterbrochen wurde es lediglich von unangekündigten Schnappatemstößen und einigen erschreckenden Totalaussetzern. Ich aber, der ihm dabei gegenüber gesessen hatte, hoffte voller Sehnsucht auf seinen baldigen Abgang. Zumal wir uns inzwischen ganz allein im Zimmer befanden.

Doch da bewegte sich das „Bild von einem Mann". Nachdem er sich aus seiner gebündelten Haltung ein wenig aufgerichtet hatte, versuchte er – er, der sich selbst im Schlaf noch als Schönling fühlen mochte –, sich vorerst mühevoll zum Sitzen und daraufhin in Stellung zu bringen. Wenngleich er nun den Eindruck von bedenklicher Schlagseite erweckte, schien es doch, als habe er mir etwas Wichtiges mitzuteilen. Trotz weit vorgerückter Stunde und in einer schon völlig aufgelösten Runde.

Was sollte sein unablässiges Blinzeln? Hatte er mittlerweile bemerkt, dass mich seine Anwesenheit nur noch störte?

Unvermittelt öffnete er den Mund – wie in Zeitlupe. Niemals, so brachte er mühsam lallend hervor, erklänge in seinem Haus irgendwelche Musik. Niemals! Da er persönlich so etwas nicht bräuchte – wozu auch? –, sei ein dementsprechendes Gerät nie bei ihm angeschafft worden. Nicht einmal für das Zimmer von seiner Mandy. Letzteres gab er mit belangvoller Miene von sich, auch verschaffte er dem Ganzen eine eigenwillige Betonung. Wollte er damit unterstreichen, dass er der Herr im Hause sei, der Herrscher über eine solche Art von Kultur im Heim …?

Manne als Musik-Asket …? Manne allein im Vordergrund des Bildes. Neben ihm und auch hinter ihm nichts. Nicht einmal ein kleines Stückchen Musik …

Während ich so gut wie nichts verstand, schien er zu glauben, dass er besonders diese Facette seiner *Dynamo*-Rolle unablässig präsentieren müsse.

Unversehens fasste er dann zusammen, worum es ihm ginge, was ihm gewissermaßen auf der Seele brannte:

46

„Als Vor-vor-drädor dor Eldornschaschaft steht es mir do-doch woll su, die A-alde ma e gleenes Schdigge gradezeriggn. – O-oder villei ni? Hä? Oder villei nich!?"

Besagte ‚A-alde' war die Schulleiterin. Missfallen musste sie ihm schon deswegen, weil sie den abstrusen Vorstellungen von Sonderkonditionen nicht entsprach, die der Herr Elternvertreter für sein Goldtöchterlein hatte. Bei bestem Willen nicht entsprechen *konnte*.

„Ausgerechnet mi-mit mir macht sie das, mi-mit mir, der ich i-immer bereit war – und i-immer noch bin – von meiner spärlichen Freizeit sogar noch etwas abzuknapsen. Und ausgerechnet für diese Penne!"

Regelmäßig ein Mal im Jahr geschah es, dass Manne Utzig sein Ehrenamt in rosigstem Licht erstrahlen ließ. Dann, wenn er einen von seinen „sauteuren" Lkw höchstpersönlich zum Einsatz brachte – „und ausgerechnet für schulische Belange"! Dazu muss man wissen, dass es ebendiese Belange waren, die nach seiner Meinung ziemlich zweifelhaft waren. Hierbei ging es um ein paar „so genannter" Handwerkerleistungen, die, obwohl sie von engagierten Eltern und kostenlos geleistet wurden, „mehr schlecht als recht" erbracht würden.

„Aber wohrscheinlich sin mir Eldorn for die Alde sowieso nur Lufd. Also was mich betriffd, ich war bishär immer zuvorläss'sch zur Schdelle, wenn Nod am Manne war. Un um das nu endlich ma glarzuschdelln, muss'sch nächsde Woche zu den Eldornahmd dordehin. Verdammd, dabei weeß'sch nich e ma, in was for e Zi-zimmer der schdattfind'n dud."

„Aber Manne, so was steht doch bestimmt irgendwo am Eingang", versuchte ich den besorgten Familienvater zu beschwichtigen.

„Das ma-mach ja sin, nützt mer aber ooch nischt. Ich weeß ja nich e ma, ob Mandy, also meine Kleene, noch in de zä-zähnte oder inzwischen schon in de elfte Klasse geht. Ich war doch bisher noch nie bei so e Eldornabend. Dazu hab'sch ja schließlich mei Weib."

Die Vereinten Nationen haben Deutschland ermahnt, Alternativen zur staatlichen Schule zu schaffen. Stellt sich nicht viel eher die Frage, ob sich unser Land, gerade in seiner feudal anmutenden Form von sechzehn Kleinstaaten, ein Bildungsmonopol überhaupt leisten kann? Sechzehn Kleinstaaten, die nicht nur vom jeweiligen Landesfürsten, sondern gleichfalls von einem Kultuskönig regiert werden. Und zwar von einem, der mit gebotener Strenge darauf achtet, dass die in Nachbars Garten wachsenden Bildungsfrüchtchen niemals entdeckt, geschweige denn jemals gepflückt werden. Ob dies wohl zwangsläufig zu besagtem *Wildwuchs* (ver)führt?

Unabhängig von irgendwelchen Entscheidungen, sollte die deutsche Politik – zumal sie permanent von einer angriffslustigen Koalition getrieben wird – die ihr verbleibende Zeit nutzen. Statt nun gebetsmühlenartig von Notwendigkeiten immer nur zu schwafeln, sollte sie das bestehende Schulsystem so effektiv wie möglich (um)gestalten.

So beteuert die, niemals schwarz malende, Bundesbildungsministerin vor der Wahl, ihre CDU hätte

DIE KRAFT FÜR GUTE BILDUNG.

Die, sich meist grünen, Grünen tönten vor der Wahl, dass sie

MEHR GELD FÜR BILDUNG – NICHT FÜR BANKEN! forderten.

Die kristallklare FDP klärte selbst ihre Klientel auf:

BILDUNG IST EIN BÜRGERRECHT.

Aber halt! Wir sollten nichts übertreiben – auch nicht das Bemühen um Bildung! Blicken wir stattdessen wieder mal kurz auf Herrn Goethe. Er zum Beispiel bezog die neuesten Erkenntnisse der Hirnforschung erst gar nicht in seine Überlegungen ein. Er wurde ausschließlich von der Poesie erfasst:

„Wüchsen die Kinder in der Art fort, wie sie sich andeuten, so hätten wir lauter Genies."

Vom Lehrer zum Schöpfer

Warum sollte derselbe Wahnsinn, der uns pausenlos umgibt, es ausgerechnet den Lehrern gestatten, dass sie seelisch intakt blieben? Vielleicht hat der Lehrer nur etwas mehr Glück. Weil es sich bei ihm ohnehin um eine Art von Lebenskünstler handelt? Manchmal auch noch um einen Superpädagogen, dem es gegeben ist, schon mit den kleinsten Zuchterfolgen gut leben zu können. Per se lässt dies jedoch nicht den Schluss zu, dass so beschriebene Lehrer nur zur Verbreitung von Miniwissen, gar von *Halb*wahrheiten taugten.

Eine derartige Unterstellung hieße nämlich im Umkehrschluss, dass ER – gemeint ist der alleinige Stellvertreter des Himmels auf Erden, überdies ein *doppelt* Gebildeter – die *ganze* Wahrheit gepachtet haben müsste. Immerhin verfügt er über einen echten *Doppel*kopf. Mit dem versucht er allerorten, *stich*haltig in Erscheinung zu treten. Nicht nur als dekadenter römischer Bischof – und dann von hinten –, nein, auch als göttlicher Vize – dann natürlich von vorn.

Wie man nach *unglaublichem* Hin und Her – und am Ende doch noch – erfahren konnte, ist der telegene Augsburger das *schlagende* Beispiel für einen gefährlichen *Mix*(a). Was ihm einst widerfahren war, geschah ja längst vor seiner großen Zeit. Als einer der Knechte Gottes schaltete und walte(r)te er so unaufgeregt, dass es durchaus als normal galt, wenn er das gestrenge pastorale Gemengsel mit seinen persönlichen Ingredienzien anreicherte. Selbst*herrlich*.

Der kleine Mensch, dieses bemitleidenswerte Opfer der sexuellen Revolution – so Pastor Mixas „Denke" – dürfe sein Heil um Himmels willen(!) nicht im Handumdrehen erfahren. Dann lieber *Schlag auf Schlag*. Schon wegen der, erst allmählich einsetzenden, Erhöhung des Denkvermögens! War dies der Grund, weshalb bei diesem Gottesmann ein solch unstillbares Verlangen heranreifte? Ein Verlangen, das ihn immer wieder dazu trieb, seine, ohnehin doppelbödig abgesicherte, Gläubigkeit mit handfesten Bekenntnissen noch ein wenig zu erhärten.

Laut Altem Testament ist die Welt ein Herrschaftsbezirk des Menschen, und die Schöpfung ist keine Götzen-Initiative. Nichts lag für einen berufenen Mixer näher, als sich die Frage zu stellen: Muss ich mich denn wirklich „ehrlich machen"? Bloß wegen einer so genannten *Neigung*, die in Wahrheit nichts als eine *hautnahe* Bezugnahme darstellt? Einen Bezug zum pädagogisch Schöpferischen?

Der Lehrer – übrigens auch der kirchliche, und sei es nur aus Kostengründen – sollte niemals das Verlangen verspüren, selbst einmal der Schöpfer sein zu wollen. Auch nicht, berühmt zu werden – wie vielleicht der Schiefe Turm. Dann eher ein Leuchtturm. Und: ein „richtig" guter *Dienstleister* nebenher. Regelrecht beseelt sollte er sein von grenzenloser Demut und tiefer Hochachtung – vor seiner Majestät, dem Schüler.

Seien wir doch lieber gleich wieder ehrlich! Wer, frage ich Sie, wäre so etwas gern? Wer von den hassgeliebten Seelenbildnern zum Beispiel?

Die Frage, ob sie das *könnten*, ist so spannend wie die, ob sie das *wollten* – wirklich wollten. Entschuldigung, müsste jene Frage nicht schon *vor* ihrer Ausbildung gestellt werden?

Es sind beileibe nicht nur hoffnungslose Schüler und überforderte Musiklehrer, die man großherzig als unbegabt einstuft. Nach meinen diversen Beobachtungen – auch von „ehemals" – konnte ich feststellen, dass sogar „richtige Hauptfächer" gelegentlich von fragwürdigen Gestalten strapaziert werden. Handelt es sich bei ihnen um Wunderlinge? Nein, nein, sie waren nur nicht imstande, Dienstleister zu sein. Jedenfalls nicht an den ihnen vertraglich zugeteilten Partnern. Nach eigener Aussage mochten sie Kinder sowieso nicht – manche fanden sie geradezu ekelhaft!

Aber worum ging es den jungen Akademikern dann? Um das Kokettieren mit ihrem Status? Niemand – so ihre feste Überzeugung – könnte ernsthaft meinen, dass sie sich tagtäglich mit wohl- oder übelriechenden, verhaltensgestörten, ohne Frühstück aus völlig kaputten Familien in die Schule wabernden Klein- und Mittelmonstern einließen! Oh nein, dazu dünkten sie sich dann doch zu edelsteingleich!

Aber nicht nur von den wenig Ambitionierten lässt sich erahnen, dass defektive Persönlichkeiten nur schwerlich mit dem komplizierten Beruf des Lehrers zu vereinbaren sind. Dennoch kommt es immer wieder vor, dass sich manche der so Beschriebenen eines Tages Sportlehrer nennen. Damit sind sie sie geworden, was sie unter gar keinen Umständen werden wollten. Spitzensportler indes oder gut dotierte Trainer von angesehenen Clubs – das wurden andere.

Es war Mitte der Siebziger, als es einem der damaligen „Friedensfahrer" so erging. Jedoch andersherum. Als aktiver Fahrer war er nicht mehr verwendbar, und so sollte er sein Dasein an einer POS fristen. Es war zufällig meine. Mit einem Trick schaffte er es, sich nicht nur über Wasser zu halten, sondern auch noch richtig beliebt bei den Schülern zu sein. Sein Geheimnis: Er *spielte* mit ihnen. Nicht irgendwie und irgendwas – oh nein, Fußball. Leider dauerte das Ganze nur bis zum Wonnemonat. Der Friedensfahrer begann sich plötzlich zu schämen. Was hatte er denn Schlimmes getan? Durch seine Spielerei hatte er für katastrophale Prüfungsnoten in Geräteturnen gesorgt. Wäre ich doch bloß ein richtiger Lehrer geworden!, mag er gedacht haben.

Doch werfen wir noch einen Blick auf die Frau Chemielehrerin! Insider berichteten, dass sie sich lieber in der Pharma-Branche getummelt hätte. Als Laborchefin. Und natürlich promoviert.
    Und schon wieder gerät auch hier der Musiklehrer in den Fokus. Bei ihm hatte es nämlich „bloß für die Mittelschule" gereicht. Die Vorse-

hung hatte ihn aber längstens platziert – ja, das ahnen Sie richtig – auf den berühmten Brettern. Doch mit des Geschickes Mächten...

Sie alle, ob sportlich, wissenschaftlich oder musikalisch ambitioniert, wurden eines unerwünschten Tages nicht *einfache Lehrer* – wie mitunter bedenkenlos gesagt wird. Im ganzen Gegenteil: Sie wurden unverzichtbare Kämpfer an der pädagogischen Front. Was sie dagegen *nicht* wurden: die, allseits bewunderten, Gewinner von ungezählten Medaillen, die (un)geliebten Chefs von (un)zufriedenen Teams oder die beneideten Gewinner der „Goldenen Kamera". Zum Ausgleich dienten sie von Stund an ferngesteuert einem unsichtbaren Schöpfer.

Gesetzt den Fall, dass mich jemand fragte, worin das Geheimnis ihres erfolgreichen Überlebens bestünde, dann stellte ich mich gern als Erklärer zur Verfügung: Das Geheimnis besteht darin, den Unterricht einfach geschehen zu lassen, täglich gefühlte Schwerstarbeit zu leisten und „von daher" an totaler Erschöpfung zu leiden.

Auf ebendiese Weise warten die Überlebenden genervt auf das glückliche Ende einer jeden dieser verdammten Stunden. Von Beginn an. Ja und die unter ihnen, die noch niemals schwanger waren, sind es spätestens jetzt. Sie gehen schwanger mit einer einzigen, wenig stabilen Hoffnung. Allein ihr Name lässt keine günstige Prognose vermuten: *Frühpensionierung* – und die am besten mit Fünfzig. So nämlich, wie bei den *zahllosen* Südländern.

In den karg bemessenen Verschnaufpausen denken sie voller Ängstlichkeit an eine Zeit, (die hoffentlich niemals kommen wird). Sonst müssten sie ihre zuckersüßen akademischen Geheimnisse preisgeben. Einfach, indem sie die wie Perlen vor die Säue streuten.

„Also ehrlich, ich möcht's nich machen, mich mit fremder Leute Kinder rumärgern!" Zu solcher Art Mitleid reicht es dann sogar bei denjenigen, die für Lehrer-Gestalten stets nur bitterböse Bemerkungen übrig hatten. Und dennoch gibt es ziemlich viele, die es *machen.* „Irgendjemand muss es ja schließlich machen!" Aber selbst unter den Machern sind nicht wenige, die immer öfter signalisieren, dass sie sich der „übermenschlichen Anforderungen" dieses Berufes sehr wohl bewusst seien.

Nicht nur Außenstehende entwickeln ihr Bild vom Lehrer, („der ja trotz alledem im Großen und Ganzen zu beneiden ist"). Je nachdem, wie stark dessen eigene Fähigkeiten zur Verstellung ausgeprägt sind, entspricht der Lehrer selbst noch viel zu oft einer solchen Ansicht.

Während in der „guten alten Zeit" noch eine bestimmte Art von Angst umging – es war eine Angst, die manche Schüler-Seele augenblicklich überzog, wenn ihr Eigner an manchen Pauker bloß dachte –, ist mancherorts heute das glatte Gegenteil der Fall.

Man kann sich das nur schwerlich vorstellen. Zumal dann, wenn es sich nicht um einen „sozialen Brennpunkt" handelt. Ich möchte das Ganze auch nicht illustrieren, denn die eigentlichen Gedanken sollte man sich über das *Warum* machen.

Die Behauptung allein, dass viele Lehrer für eine so komplizierte Materie, wie sie die Schule nun mal ist, nicht geeignet seien, bringt uns keinen Schritt weiter. Es handelt sich hier tatsächlich um eine „systemische" Krise, um eine, die sich sogar noch weiter ausprägen dürfte. Grund dafür ist etwas vergleichsweise Einfaches. Es handelt sich um den *alltäglichen Umgang miteinander.*

Eine solche Krise gab es früher auch schon – weit vor PISA und noch weiter vor den Finanz- und Wirtschaftskrisen. Schon deshalb wäre es falsch, diese Übel voneinander losgelöst zu betrachten.

Zurück zum Stichwort *Angst.* Eine Vielzahl von Lehrern trägt „stets und ständig" eine Winzigkeit davon bei sich. Als Ration für den Notfall, könnte man denken, und dem Lampenfieber gleichzusetzen, das man bei so genannten wie auch bei richtigen Künstlern erleben kann. Obschon das manchmal stärker und manchmal schwächer auftritt, ist es nur äußerst selten gar nicht präsent. Während das Lampenfieber aber stimulierend wirken kann, handelt es sich bei der trivialen Angst um etwas Lähmendes. Das ist der Grund, weshalb man sie auf jeden Fall irgendwie zu verdrängen sucht. Umso erstaunlicher, dass sich besonders jene Kräfte, die eigentlich zum pädagogischen Agieren „berufen" sind, die banalsten Techniken dafür ausdenken. Dabei spielt es keine Rolle, ob sie als Fach-, Klassen-, Vertretungs- oder sogar Beratungslehrer fungieren, ob sie als Anwärter oder Praktikant im Fokus stehen. „Weil dort" stehen sie immer.

(Wie hier unschwer zu erkennen ist, handelt es sich bei einer derartigen Formulierung nicht nur um keinen zielführenden Ausdruck, sondern um eine, noch nicht mal angedachte und von daher unerreichte, „Kernkompetenz").

Besagte Techniken entpuppen sich leider als reine Abfallprodukte inmitten des pädagogischen Handwerks, manchmal auch als Reaktionen auf erhoffte *Bauchgefühle*.

Kommen wir nun zu einer ersten, ziemlich häufig verwendeten Übung. Freimütig nenne ich sie das *Erschleimen der Freundschaft*. Ein Allerweltsgedanke fällt mir dazu ein – man sollte ihn auf jeden Fall schon in der ersten Unterrichtsstunde bekanntgeben:

„Das Allerwichtigste für mich in diesem Schuljahr ist, dass wir ganz, ganz schnell Freunde werden." Das dazu passende Ambiente verschafft man sich, wenn man sich während jener kurzen Begrüßungsrede auf den Lehrertisch fläzt und zwei bis drei komplette Kaugummis (richtig) gut durchkaut.

In direktem Zusammenhang mit Übung eins steht dann auch gleich die nächste. Nennen wir sie *defensive Entfremdelung*. Deren Besonderheit besteht darin, dass sie gewissen Lehrern ihre rosaroten Flausen, (dass sie vermutlich doch etwas Besseres seien), schlagartig austreibt. Die Klassenlehrerin übernimmt auch hier wieder die Rolle als Fels in der Brandung.

Da inzwischen Pause ist, funktioniert sie momentan auf dem Korridor. Neben der Aufsicht versucht sie eine Art Konversation mit einem ihrer Lieblingsschüler. Der hockt, dabei ein wenig in die hohle Hand rauchend, auf einem Heizkörper.

Plötzlich durchzuckt ihn eine verrückte Idee: Ob ich es wohl schaffte, die „alte Eule" ein wenig zu erschrecken? Wie wär's mit einem völlig überraschenden Duzen? Das könnte ihren total verkümmerten *Geschmacks*knospen zu neuem Leben verhelfen. Doch er diszipliniert sich, indem er beschließt, sich diesen Event noch ein paar Tage aufzusparen.

Für jeden Lehrer ist das Bemühen um *Angleichung der Sprache* von existenzieller Bedeutung. Diesem Anliegen dient eine entsprechende, publikumswirksame Übereinkunft.

Hier sollten vor allem Sprachlehrer einen, möglichst gesunden, Zahn zulegen! Sie sind es doch vorrangig, die alle diesbezüglichen Vergewaltigungen nicht nur tolerieren, sondern transportieren und in (kaum erkennbare) schriftliche und (noch seltener mögliche) mündliche Konversation „einbringen". Sollten wir uns also besser einer Verpflichtung zahlloser Sprachallergiker anschließen, die da lautet: „Hiermit schwören wir einem gepflegten Gebrauch unserer Muttersprache kompromisslos ab!"?

Zum Glück gibt es diese Lehrer nur in den schmutzigen Fantasien von Krümelkackern und Ewig-Gestrigen. Genauso wenig, wie es den Lehrer als „Fußabtreter der Nation" gibt. Ganz im Gegenteil sind viele Lehrer die Verkünder edelster Menschheitsideale und die wahrhaften Streiter im Dienste der Klassik. Der Wiener zwar, aber nicht der gleichnamigen Würstchen! Dann eher schon der *Van*guchen, der *van* Bett und *van* Beethoven. Ein mehrfach Hoch also auf alle Eliten!

Kraut und Rüben

Es ergab sich so mir nichts, dir nichts bei „Beckmann", als es Thomas Gottschalk „öffentlich machte". Noch nie, gestand er, habe er bereut, seinen ursprünglichen Beruf – womit er den des Lehrers meinte –, gegen den des Moderators eingetauscht zu haben. Wie man weiß, stellte sich bald heraus, dass er mit besagtem Wechsel nicht bloß einen eigenen, sondern auch die Nerven des Gemeinwesens getroffen hatte. Wie ließe sich sonst die Einschaltquote erklären, die er mit jener Art der Massenverschaukelung erreichen durfte? Jahrzehntelang? Obwohl es sich allmählich um eine Volksdroge zu handeln begann, wurde sie eines Tages geadelt. Nicht genug, dass man sie auf einen Samstagabend-Sendeplatz hievte, nein, man lieferte sie auch noch frei Haus.

Auch die Begründung für Gottschalks Entscheidung klang überzeugend: Schon nach kurzer Zeit sei ihm bewusst gewesen, dass er den speziellen Anforderungen, die an Lehrer gemeinhin gestellt werden, niemals werde entsprechen können. Zugespitzt formuliert: Nie und nimmer hätte er vermocht, anderen Kindern ein Ersatzvater zu sein.

Ja, so war das bei Thomy, dem Immer-noch-und-immer-noch-Entertainer. Leider lassen auch die jüngeren und jüngsten deutschen Bildungsergebnisse auch weiterhin daran zweifeln, dass der Herr Gottschalk auf die glorreiche Idee kommen könnte, den Beruf des Lehrers nun doch noch ergreifen zu wollen. Sozusagen als eine zweite Chance.

Was lässt sich daraus ableiten? Eine wichtige Voraussetzung für die Beantwortung der Frage, *ob* und vor allem *wie gut* jemand „Lehrer kann", ist immer auch eine Frage nach seiner sozialen Feinnervigkeit. Dabei ist sie nicht in jedem Schulfach von gleicher Relevanz. Heutzutage neben Literatur, Kunst und Musik vor allem im Fach Ethik, war sie dies vor der Revolution erstrangig in Staatsbürgerkunde. Nicht umsonst gab es dafür ein ganz besonderes Anforderungsprofil. Die dabei am meisten praktizierte Variante zielte auf fachgerechte Ausbildung und einen damit verbundenen Abschluss. Ersatzweise genügte eine spezielle Berechtigung, die ihrem Eigentümer darüber hinaus gestattete, dass er sich „Diplompädagoge" nennen durfte.

Diesen Ehrentitel konnten Schuldirektoren erwerben, wenn sie von Haus aus über keinen Hochschulabschluss verfügten. In dem seltenen Fall aber, dass an einer Schule aus keiner der beiden Schubladen jemand greifbar war, genügte auch schon mal die einfache *Genossenschaft*. Voraussetzung war, dass man die Bezirksparteischule erfolgreich hinter sich gebracht hatte. War dann auch diese Frage geklärt, konnte die Formung der künftigen DDR-Bürger ihren *sozialistischen Gang* gehen.

Obwohl bisweilen die Empfangsqualität durch atmosphärische Störungen beeinträchtigt war, hing sie dennoch in erster Linie von der Sendeleistung ab. Im Klartext: So, wie kein Moderator nach seinen künstlerischen Auszeichnungen beurteilt wird und kein Minister nach seinem akademischen Grad, gilt dies erst recht für die Lehrer. Während ein Politiker, der bewusst das Ohr von der Masse fernhielte, von der politischen Bühne vertrieben werden könnte, verhält sich das in der Schule ein wenig anders. Ein Unterrichtsfach, das mit zu geringer Spannung erteilt wird, nimmt zwar auf Dauer Schaden – wie übrigens auch sein Agitator –, trotzdem finden beide weiterhin statt, als wäre nichts geschehen.

Es ist auch keinesfalls untypisch für die Schule, dass es in ein und demselben Raum zur selben Zeit grundverschiedene Interessenlagen gibt. Während die regierende Partei – es ist zumeist die eines Einzelkämpfers – krampfhaft um Schadensbegrenzung bemüht ist, ist die andere – bei ihr handelt es sich meist um eine Volkspartei – in der Regel auf Lustgewinn aus.

Nicht nur auf dem damaligen Leipziger Weihnachtsmarkt spielte der *Belag*, um den es im Folgenden gehen soll, eine umstrittene Rolle. Nicht umsonst brachte jemand den Kalauer „Wer im Sommer klaut und auf Gott vertraut, der hat im Winter Sauerkraut" wieder ins Gerede. Sauerkraut als Brötchenbelag – bei Fischbrötchen sogar ohne Fisch – war in jenem siebziger Jahr eine Normalität.

Das brachte zwei engagiert pubertierende Knaben auf die Idee, diesen *unglaublichen* Service des Weihnachtsmarktes auch in der Schule zum Einsatz zu bringen. Also grübelten sie, welches Fach besonders geeignet sei, aktuell-politische und kulturelle (und somit gastronomische) Alltagsprobleme zusammenhängend darzustellen.

Es mag ihrer engen Seelenverwandtschaft geschuldet gewesen sein, dass sie zeitgleich an *ihn* dachten. Immerhin war er, als die Personifizierung der Staatsbürgerkunde, nicht nur deren Verkünder, sondern, nicht so ganz zufällig, auch der Chef ihrer Schule. Vielleicht, so dachten die Knaben, könnte nun durch ihre Initiative dieses alternde Modell wieder in Schwung gebracht werden. Und genau dafür schwebte ihnen eine Vitaminzufuhr vor.

In mühseliger Kleinarbeit bereiteten sie einen Imbiss, wobei sie an das hoch vitaminöse Sauerkraut flugs noch ein paar von den, suboptimal gelagerten, Möhren raspelten. Einer von beiden hatte aufgeschnappt, dass ausgerechnet dieses Gemüse es sei, welches die geschwächte Sehkraft enorm aktiviere. Sie folgerten, dass sich auf die Weise auch des Meisters Durchblick verbessern könnte. Vorher akribisch vermengt, verteilten sie nun alle die mundgerechten Portionen auf hübsche kleine Tellerchen, die sie anschließend jedem Mitschüler und sich selbst an seinen Arbeitsplatz stellten. Ihrem Chef aber hatten sie die mit Abstand größte Portion zugedacht.

Da passte es nur zu gut, dass sie vor kurzem ein ganz besonderes Lied, einen so genannten Kanon, kennen gelernt hatten. Der berühmte Meister Bach habe selbigen immerhin in den *hammer*(klavier)*mäßigen* Goldberg-Variationen verwendet. Jedenfalls hatte dies ihre Musiklehrerin verkündet – offenbar nicht ohne gewissen Stolz. Weil nun die Knaben ebendiesen Kanon für ausgesprochen witzig hielten, meinten sie übereinstimmend, dass er für ihr Vorhaben extrem passend sei. Wer weiß, vielleicht haben wir ihn wegen des Weihnachtsmarktes ausgerechnet in dieser Woche gelernt?, überlegten sie.

Wie dem auch sei, die Initiatoren des kleinen Frühstücks hielten es inzwischen für an der Zeit, ihre Überraschung steigen zu lassen. Vorher wünschten sie allseits guten Appetit.

Während die Zöglinge genüsslich schmausten, vernahmen sie mit halbem Ohr die akustischen Absonderungen des Schulmeisters. Bei dem ging inzwischen die anfängliche Verwunderung in, kaum noch zu bezähmende, Gereiztheit über. Selbst das mehrmalige Bitten seiner Schüler, er möge doch an ihrem kleinen Frühstück teilnehmen, ignorierte er einfach und verharrte stattdessen an der Tafel.

Da machten ein paar von den Buben – weil sie dann doch ein wenig verschnupft waren –, aus den Bitten ein paar eindeutige Forderungen.

Der Stabü-Lehrer besann sich seiner politischen Tagesaufgabe und befahl: „Hefter raus!"

Daraufhin ergriff einer aus der ersten Reihe eine Handvoll von seinem Vitaminkonzentrat und beförderte es mit Schwung an die Tafel. Dazu krächzte der Mutant: „Kraut und Rüben ..."

Sein Nachbar tat's ihm gleich, indem er anschloss: „... haben mich vertrieben ..."

Weitere Sängerknaben erhoben sich und setzten fort: „... hätt' mein' Mutter Fleisch gekocht, so wär' ich länger 'blieben."

Der Schulmeister aber, der inzwischen eine Vitamin-Packung als Streifschuss abbekommen hatte, versuchte verwirrt, die Initiative zu stoppen. Diese Reaktion war fatal:

Jetzt nämlich erhoben sich auch einige Mädchen von ihren Plätzen und begannen mit den Jungen einen zünftigen Kanon-Gesang. Es war genauso, wie sie es im Musikunterricht geübt hatten.

War es vor allem die zweite Zeile, die den Chef derart getroffen haben musste, dass er seine Sachen packte und mit zornigem Gesicht eilends den Raum verließ?

Dachte er denn überhaupt nicht an seine Aufsichtspflicht? Und noch spannender: Wollte er für diese Ministunde womöglich die volle Vergütung kassieren?

Aber auch hier zeigt sich wieder, dass der *Umgang mit dem Beruf des Lehrers* zu unseren wichtigsten Ressourcen gehört. Hat diese Forderung aber gleichermaßen für Schüler zu gelten?

Giftmischer als Wohltäter

„Von einem fernen Gestirn aus gelesen, würde vielleicht die Majuskel-Schrift unseres Erden-Daseins zu dem Schluss verführen, die Erde sei der eigentlich a s k e t i s c h e Stern, ein Winkel missvergnügter, hochmüthiger und widriger Geschöpfe, die einen tiefen Verdruss an sich, an der Erde, an allem Leben gar nicht loswürden, aus Vergnügen am Wehetun – wahrscheinlich ihrem einzigen Vergnügen." (Friedrich Nietzsche: Zur Genealogie der Moral)

Haben wir es da heute nicht viel leichter? Wir machen einfach die Schule zum Sündenbock für all das Ungemach, das sich in Verbindung mit den „Kids" auf der Bildfläche zeigt.

Wäre also die Schule nicht sogar für eine Doppelrolle geeignet – für die des Wohltäters wie für die des Giftmischers?

„Ich bin soweit ganz zufrieden, aber es könnte mir natürlich besser gehen." Außer dem Verfasser kann naturgemäß niemand ermessen, wie ernst so ein Spruch gemeint sein mag. Es riefe jedoch einiges Verwundern hervor, wenn jemand auf den zweiten Halbsatz verzichtete – nur so, aus Spaß an der Freude.

Nehmen wir einmal an, ein solcher Spruch käme aus dem Munde eines Großvaters, der ein *Prekariats*-Enkel sein Eigen nennt. So ein *abgehängtes*, wie gesagt wird. Besagter, mit einem Kettchen behängter, Opi, mit einem stark überdehnten, rosafarbenen T-Shirt über dem Bauch, fläzt in seinem (geleasten) Mittelklasse-Wagen. Dort übt er einschleimend den Schulterschluss mit Enrico, wobei er süffisant einen „Fuffi" „rüberwachsen" lässt. Er bemüht dazu außerdem eine Sprechblase, die man, trotz ihrer fehlenden Sinnhaftigkeit, notfalls noch als Gebrauchsanweisung verstehen könnte: „Mach dir 'n schön' A'md, mei Schunge!"

Ebenfalls angenommen, sein halbwüchsiger Enrico litte nicht an ähnlicher Bewusstseinstrübung wie der Alte, dann käme er sich vielleicht wie

„im falschen Film" vor. Ist das noch mein „armer" Opa, der ewige Jammerlappen?, könnte der Junge denken. Derselbe Opa also, der sich damit brüstet, die Verkehrsbetriebe zu bescheißen? Indem er – als ob so etwas selbstverständlich sei – die, früher schon mal von ihm benutzten, Fahrscheine manipuliert? Derselbe Opa also auch, der noch bis vor kurzem im Supermarkt alle für ihn attraktiven Getränke umetikettierte.

Aber heute hatte Enrico Glück im Unglück: Heute war der Tatort lediglich das geleaste Auto. Wäre der Enkel, wie sonst dienstags üblich, in Opa Willis geliebte Gartenkantine mitgegangen, dann hätte Willi zwar am Ende auch keinen „Fuffi" mehr gehabt, Enrico jedoch ein Mehr an haarsträubenden An- und Einsichten.

Schon von alters her werden an Stammtischen, vor allem an denen in „naturbelassenen" Regionen, die überaus skandalträchtigen Themen besonders gern bedient. Heutigentags gehört dazu genauso die ständig abnehmende Ausländerfreundlichkeit wie auch die „Schneid-Unverkäuflichkeit", welche durch unseren außenministeriellen Homosexuellen beschworen wurde. Und – immer wieder gerne – die lockeren Beziehungen von leckeren Junggärtnerinnen zu ihren alteingesessenen Partnern.

Solche Milieu-Skizzen zeigen die armseligen Versuche der Erwachsenen-Generationen, die lieben Kleinen, jene zu allem fähigen und zu nichts zu gebrauchenden Vielfraße, bei bester Laune zu halten.

Elternhaus und Schule sollten hier im besten Sinne des Wortes Hand in Hand gehen. Im Klartext: Lehrer, die schon immer nur scheinbar engagiert waren, sollten sich auf die Seite der Großeltern schlagen und in deren Rohr tuten.

„Mit den kleen Abortmaden werd' ich schon fert'sch.", war mein damaliger Kollege Hennes überzeugt. Um seinen Worten entsprechende Taten folgen zu lassen, kramte er zur Erstellung der Halbjahresnoten zahlreiche imaginäre Teilnoten aus seinem Gedächtnis hervor und komprimierte sie zu echten Zeugnisnoten. Dass es sich nun eher um Verhaltens-, denn um Fachnoten handelte, tat seiner Liebe zu den kleinen Mägdelein keinen Abbruch.

Fazit: Schwarze Schafe hat es auch schon zu Zeiten von Trockenklos gegeben.

Nun aber handelt es sich bei dieser Spezies nicht „erst um die Spitze eines Eisberges". Vielmehr um Einzelexemplare von hoch(ein)gebildeten Seelenfummlern. Leider hätten auch sie – so hört man – sich meist in ungünstigen Milieus entwickelt.

Sächsische Spaßvögelein

Selbstredend kennen Sie den Begriff „Schrittmacher" und zugleich diesen oder jenen Mitbürger, der ein solches „Teil" bei sich trägt. Sozusagen *standby* – was auch für ihn nichts weiter als *stets und ständig* bedeutet. Trotzdem wissen Sie noch lange nicht, was ein *gefühlter* Schrittmacher ist.

Also, ähem, das ist, ähem ... jemand, der glaubt, dass er mit vielen kleinen Schritten viel schneller am Ziel sei. Vorausgesetzt, dass er sie in die richtige Richtung machte.

Und was ist mit Ihnen? Glauben auch Sie, dass die Bewegung allein schon alles sei? Solches Hinterfragen übrigens wäre vermutlich viel öfter angebracht. Zumindest bei solch einer mystischen, von Peter Sloterdijk aufgestellten Lebensmaxime:„ Verhalte dich jederzeit so, als wolltest du dich zu dem Satz bekennen: Du sollst deinen eigenen Augen trauen!"

Obwohl sich der Spruch zunächst nicht erschließen mag, hatte er dennoch auf eine kleine Schar pfiffiger Sachsen seine Wirkung nicht verfehlt. Kurz nach der Wende. Obwohl sie doch nur einfache Weichensteller waren, bemühten sich ernstlich um Konsolidierung. Dies gipfelte dann in der Formel „Ab mit dir, ab *in* die Mitte!".

Selbst unter den Berufspessimisten äußerte man die Auffassung, dass man es hier nicht mit blühenden Landschaften, dafür aber mit einer „klaren Ansage" zu tun hätte. Und was die präpositionale Unebenheit betreffe, so sei doch gerade sie es, weswegen das Ganze so sportlich „rüberkäme".

Leider gab es noch eine Kleinigkeit, die dem Ganzen im Wege stand. Aus Expertenkreisen hieß es gönnerhaft, das sich all das nur unter PISA-Vorbehalt realisieren ließe. Und somit war die Verbreitung von Ahnungslosigkeit geradezu vorprogrammiert.

Aber nun mal im Ernst: Welche Mitte sollte denn überhaupt angepeilt werden? Der viel zitierte Mittelpunkt? Jener vielecht, in welchem auch der Mensch gelegentlich steht? Steht, wie ein Pappkamerad, ein farbloses Männeken vom Schießstand? Eine Figur jedenfalls, die man besser aus der Gefahrenzone herausnehmen und dafür hübsch in den Vordergrund stellen sollte? Auch schon wegen der höheren Trefferquote bei einem eventuellen Tritt in die Sitzfläche!

„Der Mensch steht bei uns im Mittelpunkt." Diese Parole aus (red)seliger DDR-Zeit war zumindest weniger anstrengend als die jetzige, die vermeintlich „klare Ansage". Wieso? – Der sozialistische Mensch, besonders der im Mittelpunkt, brauchte nur eine einzige Meinung zu vertreten. Und wenn er Glück hatte, war das seine eigene.

Eines Tages wurde das Leitmotiv mit einem fantastischen Zusatz versehen. Seitdem erstrahlt es nicht bloß in *gemerkeltem* Glanz, sondern auch noch über einzelne Parteiengrenzen hinweg. Seitdem befinden wir uns in einer ganz und gar „neuen Mitte".

Ältere Semester dürften sich noch an ein *ostzonales* Schul-Modell erinnern. Es handelte sich um ein Modell mit „Alleinstellungsanspruch". Und die Alten mussten nunmehr feststellen, dass man „den eigenen Augen" manchmal „trauen" konnte.

Ausgerechnet den sprichwörtlich pfiffigen Sachsen hätte man damals ins Gewissen reden sollen: Bleibt doch lieber bei euren Leisten! Ihr werdet mit einem solchen Modell das Fahrrad mitnichten neu erfinden! Nicht mit dieser eigenwilligen Kreation, mit einer solchen Tretmühle, die nicht einmal einen festen Sattel besaß. So einen, wie er allen Wendehälsen vorschwebte, zumal ja manch einer schon wieder fest darin zu sitzen schien.

Das Ganze war umso besser zu verstehen, wenn man mitbekommen hatte, dass man seinen Sattel bei jeder kleinsten Kleinigkeit sofort abnehmen und krampfhaft bei sich führen musste.

Wie aber sah es mit dem wichtigsten Teil, mit dem Gepäckträger, aus? In seiner Funktion als West-Ost-Transport, speziell als ein Beförderer von Gebrauchsanweisungen, war er unerlässlich.

Eigentlich wäre dieser Drahtesel-Verschnitt ein Fall für die Sozialstation gewesen. Ihm war peu a peu alles geklaut worden, sogar die halb verrostete Klingel. Nun konnte nicht einmal mehr gefahrlos die Spur gewechselt werden. Und trotzdem versuchte jeder sich hinüberzuretten – in eine neue, nicht so recht erdenkliche Zeit.

Selbst die Misanthropen unter unseren Zeitgenossen haben mitunter statt „blühender Landschaften" gewisse Erscheinungen. Zum Beispiel dann, wenn sich katastrophale Geschehnissen aneinander reihen. Wenn sich binnen Minuten die Wolken verdüstern – sogar über EU-Grenzen hinweg. Wenn sich polnische Regierungsmaschinen oder isländische Vulkane, aber auch vatikanisch durchgestylte Lüstlinge nicht an bestehende Regeln halten.

Doch inzwischen sind wir schon wieder „ein Stück weit" weiter. Laut jüngsten Erkenntnissen aus der Reparaturen-Geschichte befindet sich endlich nun auch unsere Schadensbegrenzung auf höchstem Niveau. Das verdanken wir der Existenz von klug ausgetüftelten *Soft Skills*. Sollte jemand dabei gleich an Weich*macher* denken, dann wäre er schon in der Spur. Weich*eier* dagegen wären völlig fehl am Platz.

Kehren wir noch einmal zum sächsischen Drahtesel zurück. Zu allem Glück gab es damals schon die neuen Kultus-Macher. Das waren Gutmenschen mit ein wenig aus dem Rahmen fallenden Elan. Wild entschlossen, es wieder aufzuzäumen, näherten sie sich dem behinderten Gefährt. Just zur selben Zeit, als sich manch angewelkte Schullandschaft zu neuem Erblühen entschlossen hatte. Zu einer Zeit, da in den Mittelschulen die dringend benötigten Mittel immer spärlicher wurden.

Inmitten einer solch kaum verrückbaren Hoffnungslosigkeit tauchte ER auf. Er, der als ein unbekannter Virus immerhin schon einen touristisch verbrämten Namen trug. PISA wirkte wie ein großer Verführer. Schon deshalb, weil er als Neuling sogleich auch eine Großtat verkündigte. Er traue sich zu, so seine großspurigen Worte, aus dem lahmenden Gaul immerhin noch einen tüchtigen Esel zu machen.

Kam die fremde Erscheinung nicht sogar wie gerufen? Entweder war sie eine Art Wunderwaffe, oder alles war nur Theater. Gelüstete ihr in Wirklichkeit nach der Einheitsschule? Einer Alternativschule nach skandinavischem Vorbild? Auf jeden Fall nach einer Schule, die schon von Anfang an die Elite-Uni im Visier hatte? Natürlich erst nach *spielender* Bewältigung der Grundschule. Oder war PISA gar keine Waffe, erst recht kein Wunder? Handelte es sich bloß um eine mediale Krücke?

Noch immer sind sie untrennbar miteinander verbunden: ein (ewig) schiefer Turm, eine einsturzgefährdete Sprache in äußerst schiefer Lage und dieser *piesa*ckende Pseudo-Test.

„Das anfangs so liebliche Spiel im gefühlten, aufrechten Schatten des schiefen Turms wurde für die Spätpubertierenden, … verdutzten Probanten schlagartig zum Hochleistungsinferno. Fies und scheinheilig regelwidrig wurden sie, quasi zum Extremsport gezwungen, hineingezerrt ins schnuckelige Knusperhäuschen. Welch grausame Realität erwartete sie: Muskeln machende Übungen am erzgebirgischen Klöppelsack! Wo war ihre BILD-schöne heile Welt? … Die rigorose Durchleuchtung der Teilnehmer … war immerhin eine Uraufführung… Am besten funktionierte sie nach dem Aschenputtel-Modell. Hierzu musste eine Handvoll Erbsen, deren EU-Größe notfalls durch Aufblasen erreicht werden könnte, verpickt werden… Der (damals noch) amtierende Exportweltmeister musste seine Produkte – nur dies eine Mal, so seine stille Hoffnung – vor der Außenwelt verstecken. Also: nischt wie ab ins Kröpfchen! (Werni von der Reuth: Humankompost)

„Bildung also am PISA-Halsband? … Nein es stimmt nicht, dass Schulleistung das ist, was PISA misst. Bildung mit dem zu identifizieren, was

PISA misst, ist eine höchst enge, ja armselige Vorstellung von Bildung."
(Joseph Kraus: Der PISA-Schwindel)

Nun haltet endlich ein! Es ist uns ja erschienen, das Lichtlein am Ende des Tunnels, und es hat nichts mit altem Wein in neuen Schläuchen zu tun. Endlich sind wir auf dem guten Weg. Abgesehen davon, dass er in die richtige Richtung führt, ist er klar wie Kloßbrühe. Maßgeblich beteiligt war aber auch hier wieder ein sächsischer Kultus-Kopf. Schon deshalb ist das Ergebnis ein echtes Qualitätsprodukt, das also zu Recht schon wieder *Oberschule* heißt.

Da gibt es nix zu lachen! Stattdessen gilt: Vorwärts – und dabei ja nichts vergessen!

Über allen Gipfeln

SPIEGEL ONLINE v. 13. 6. 10: „Der erste Bildungsgipfel Dresden verlief sich im Wolkigen, beim zweiten Gipfel in Berlin hätten die Ergebnisse auf ein Blatt Papier gepasst – ein leeres Blatt. Die Crux ist immer gleich: Bildung ist … Ländersache. Der Bund hat hier wenig bis nichts zu melden. Die Bundesregierung will durchaus Schulen und Hochschulen stärker unterstützen. Aber sie darf nicht. Die Länder dürfen es. Aber sie wollen und können nicht. Je nach Interpretation. Regelmäßig kommt es zum bildungspolitischen Dreikampf:
    Vertagen – verschleppen – vertrösten."

Also wie nun – waren die sogenannten Bildungsgipfel eine Erfolg versprechende Methode, Bildung letztendlich in den Griff zu bekommen? Oder nicht? Wie sinnvoll ist es dann, die zunächst nur *vermeintlichen* Gipfel-Stürmer schon als Sieger zu feiern? Sozusagen vor Beginn der Besteigung?

„Statt sich … im Vorfeld des Gipfels über Sachfragen zu verständigen, haben sich Bund und Länder in politische Machtkämpfe verstrickt… Der Bund will nur dann in den Geldbeutel greifen, wenn die Verwendung der Finanzen geklärt ist. Umgekehrt schlägt der Bund vor, gemeinsam mit den Ländern eine nationale Bildungsstiftung zu gründen, über die sich Schulen direkt um Gelder bewerben können. Das gefiel wiederum den Unions-Ministerpräsidenten nicht. Der Bund soll sich aus der Schulpolitik der Länder raushalten.
    Solange aber jeder sein eigenes Süppchen kocht, ist und bleibt die deutsche Schullandschaft ein Flickenteppich. So ist ein Schulwechsel von Hamburg nach Madrid in der Regel kein Problem, ein Schulwechsel von Berlin nach Bayern aber oft eine Herausforderung."(ONLINE FOCUS SCHULE v. 20. 10. 08)

Das Deutsche Institut für Internationale Pädagogische Forschung konstatierte in einem seiner Bildungsberichte für Deutschland beachtliche Unterschiede der Rahmenbedingungen und der Erfolge. Es mahnt, ein Land müsse „nach der Effektivität seines Bildungssystems fragen" und „sicherstellen, dass die Ressourcen optimal genutzt werden".

Eine **Ressource** *(frz. la ressource, „ Mittel, Quelle, von lat. resurgere, „hervorquellen") ist ein Mittel, um eine Handlung zu tätigen oder einen Vorgang ablaufen zu lassen. Eine Ressource kann ein materielles oder immaterielles Gut sein.*

Egal, welche Parteien-Konstellation gerade am Ruder ist: alle rühmen sie die unschätzbare Bedeutung von Bildung. Bis zum Erbrechen wiederholen die jeweils Labernden, dass Bildung die einzig effektive Ressource für die Zukunft Deutschlands sei. Permanent bezichtigen sie den politischen Gegner seines mangelnden Problembewusstseins oder seiner Einfallslosigkeit. Das geschieht nahezu täglich und in allen Medien, die von derartigen Meinungsbildnern für geeignet erachtet werden.

Die latente Benachteiligung der Kinder von „Migranten" und genauso von denen aus sozial schwachen Familien ist bezeichnend für unsere Bildungsverantwortlichen. Sie zeigt, dass sie manchmal auch selbst Probleme mit ihren Hausaufgaben haben. Zum Beispiel ist die zuverlässige Einsparung an Lehrerstunden das Gegenteil von einer Lösung der echten sozialen und individuellen Probleme der Schüler.

„ ... *der Historiker der Zukunft wird über die prophetischen Aktivitäten der Gegenwart zu Gericht sitzen, und die Wahrheit, die in hundert Jahren von der zurückschauenden Intelligenz erfasst werden wird, wird auch das Urteil sprechen über unsere vorausschauenden Initiativen.*" (Peter Sloterdijk: Der ästhetische Imperativ)

Zu (m)einer Zeit, als auf Klassenfahrten noch regelmäßig gesungen wurde, spielte auch das folgende Lied unter den älteren Schülern eine besondere Rolle:

„Am Sonntag ist er Organist, Organist. Am Montag fährt er seinen Mist, seinen Mist.

Am Dienstag hütet er die Schwein': das arme Dorfschulmeisterlein.

Und wird im Dorf ein Kind gebor'n, Kind gebor'n, mit Ochsenkopf und Eselsohr'n, Eselsohr'n, wer soll denn da der Vater sein: ..."

25. 01. 2010 (dpa) – „Beim Milliarden-Poker von Bund und Ländern um eine bessere Finanzierung der Bildung spielt die Kultusministerkonferenz (KMK) keine sichtbare Rolle... sind die Kultusminister offenbar im Bermudadreieck von Ministerpräsidenten, Kanzleramt und Finanzministerkonferenz völlig verschwunden... Ausgerechnet an dem Tag, wenn Kanzlerin und Ministerpräsidenten um die Bildungsausgaben ringen, wollen die Kultusminister erstmals ihren eigenen deutschen Schulleistungsvergleich vorlegen. Dafür waren im Frühsommer 2009 ... bundesweit rund 50 000 Neuntklässler in den Fächern Deutsch, Mathematik und erste Fremdsprache getestet worden."

Mehr Geld ist noch keine Garantie für mehr Bildung. PISA zeigt, dass ostasiatische Staaten mit ihren Ausgaben für Bildung nur im Mittelfeld, mit ihren Leistungen dagegen an der Spitze liegen. Das Abschneiden der USA ist trotz relativ hoher Bildungsausgaben eher mittelmäßig.

Wichtig ist also, *wofür* das zur Verfügung stehende Geld genutzt wird.

Leider hilft uns das Zetern über all die denkbaren oder kaum vorstellbaren Unzulänglichkeiten nicht weiter. Zum Glück verfügen wir – besonders dann, wenn etwas lästig zu werden droht – über ein spezifisches Talent, das man als *jüngere deutsche Primärtugend* bezeichnen könnte. Es heißt *Schönreden*.

Noch vor 2002, so der Vorstand des Zentrums für Lehrerbildung (ZLS) der Uni Leipzig, seien sowohl das Studium wie auch die Lehramtsanwärter praxisfern, also schlecht, auf die Wirklichkeit vorbereitet gewesen. „Seitdem werden viel mehr schulpraktische Arbeiten ins Studium hineingenommen ... Seit 2006 macht das Praktikum in fünf Jahren Studium bis zum Magisterabschluss insgesamt ein Jahr aus... Ein Lehrer muss Inhalte vermitteln sowie den Lernprozess sozial steuern und kontrollieren. Das läuft an Mittelschulen anders als an Gymnasien ... Junge Lehrer haben einen Werkzeugkasten voller Instrumente."

Der gefühlte Profi versteigt sich schließlich zu einer hymnenartigen Verlautbarung: „Lehrer sein ist heute eine eigene Profession und kein Schmalspurfachstudium, nach dem sich pädagogisch weitergebildet werden kann."

Haben wir es hier wohl mit euphemistischen Früchtchen oder lediglich mit einem steinzeitlichen Erkenntnisstand zu tun? Sollte PISA auch bewirkt haben, dass manch ein verblühter Lehrerbildner seine verstaubten Ladenhüter aus der „guten alten Zeit" nun doch noch „an den Mann" bringen kann?

Leider – so der schon erwähnte Vorstand – seien einige Fächerkombinationen durch die Umstellung auf Bachelor und Master nahezu unstudierbar geworden. Deshalb gäbe es Überlegungen, die alten Staatsexamen wieder einzuführen. (LVZ v. 14. 09. 2010)

Vielleicht auch die POS und EOS, den UTP sowie die Bub's und Bob's? Hier sollten wir gefälligst nicht nur die Kirche im Dorf, sondern auch alle anderen inneren Organe an den angestammten Plätzen belassen. Andernfalls litte der gesamte Bildungsorganismus („wie ein Schwein"). Schüler mit einer „Null Bock"-Motivation transportieren ohnehin schon zu wenig Sauerstoff. Wie übrigens auch Lehrer mit fehlender Autorität die zu erwartende Blutleere begünstigen, auch die in den eigenen Hirnen. Ja und die Lehrerbildner mit zu wenig Schulpraxis? – Sie sorgen bei angehenden Lehrern nicht nur für eine frühe Selbstzufriedenheit, sondern auch für deren vorzeitige Verkalkung.

Als eigentliche Drahtzieher bleiben sie jedoch weitestgehend im Verborgenen. Und so sind sie für die künftigen Lehrer nie und nimmer, was sie sein müssten: das Salz in der Suppe.

Aber dies ist der neuralgische Punkt: Ein Reservoir an Edelsteinen haben wir nämlich nicht. Also müssen die Weichensteller für den Lehrernachwuchs auf die zweite, manchmal auch auf die dritte Reihe zurückgreifen. Wenngleich es sich auch bei dieser Kampfreserve um gutwillige Exemplare handeln mag, so leiden sie doch noch weniger an Selbstunterschätzung. Was sie eint, das ist der feste Wille zu genormter Schönfärberei. Also hinterlassen auch sie ihre Spuren, in besonderen Fällen sogar tiefe Furchen.

Aus der Praxis für die Praxis

Während der glatzköpfige Kollege – er ähnelte ein wenig Herrn Norbert Blüm – zwischen den Tischreihen hin und her wuselte, erweckte er den Eindruck, dass er hier zweifellos wichtig sei. Und dass er, gerade auch deshalb, schnellstens noch einen ansehnlichen Stapel von Zetteln loswerden müsse. Unbedingt noch vor Beginn der Fachzirkelsitzung!

Wenngleich kaum jemand etwas Sensationelles von diesem Beisammensein erwartete, hatte sich nun endlich auch der Letzte auf „seinem" Stuhl niedergelassen. Auf einem inzwischen beinahe schon historischen, Platz, weil er ja nach und nach für jeden der Anwesenden eine Art Stammplatz geworden war. Ansonsten war alles wie immer, sozusagen wie an jedem letzten Donnerstag eines Monats.

Es geschah eines Tages, dass der Musiklehrer-Typ dafür belohnt wurde, dass sein vornehmstes Anliegen darin bestand, sich unablässig und überall weiterzubilden. Selbstredend von jemandem, der gleichfalls besonders wichtig gewesen sein muss. Er also, das Blüm-Double, wurde dafür auserkoren, ein „echtes Bindeglied zur Uni" zu werden. Auf seine höchst besondere Weise durfte er von nun an ganze Scharen von Lehrerstudenten beglücken. Weil er von seiner eigenwilligen Vorgehensweise geradezu entzückt war, sah er sich bestens für die Rolle eines solchen Multiplikators geeignet. Er begriff sich als Verkünder einer außergewöhnlich *praktischen Methodik*. Seine (un)gefragten Erfahrungsberichte ergossen sich nicht nur kontinuierlich über alle „Frischlinge", nein, er fiel damit auch den zahllosen „gestandenen" Kolleginnen und Kollegen auf den Wecker. Ein Mal im Monat pilgerten sie aus der näheren und weiteren Umgebung zu einem Höhepunkt wie dem heutigen. Nur hier war es ihnen vergönnt, das gesammelte Gesafte des Blüm-Doubles über sich ergehen zu lassen und anschließend schwarz auf weiß nach Hause zu tragen. Gemessen an den damaligen Möglichkeiten, die es für eine textliche Vervielfältigung gab, war dies die einzige beachtliche Leistung jener Veranstaltung.

Die Mehrzahl der Anwesenden warf reflexartig einen Blick auf das vor ihnen liegende Papier. So konnte man den Eindruck erwecken, dass man an der Sache interessiert sei. Schnell war zu durchschauen, worum es auch heute wieder gehen würde: um das „Öffentlichmachen" von interessanten Erfahrungen. Wie üblich lagen die in der Urheberschaft des Blüm-Verdächtigen.

Schnellen Schrittes kam der nun nach vorn, setzte sein breites Grinsen auf und fingerte dienstbeflissen einen der übrig gebliebenen Zettel heraus. Was er hier in der Hand habe, so verkündete er orakelhaft, sei eine Art Bestandsaufnahme und ermögliche eine echte Rückkoppelung. Deshalb schlage er zunächst die gemeinsame Lektüre des Arbeitsblattes vor, das er übrigens speziell für dieses Treffen ausgearbeitet habe. Er könne sich vorstellen, dass sich dann noch Fragen auftäten. Doch die werde er natürlich sehr gern beantworten.

Also drang auch ich in sein Gedankengebäude ein:

„Liebe Schülerin! Lieber Schüler!

Aus bestimmten Gründen ist es für uns wichtig, einmal Ihre persönliche Einstellung und Wertung zum Musikunterricht zu erfahren. Bitte beantworten Sie die Fragen ehrlich und gut überlegt. Es steht ihnen frei, Ihren Namen untenstehend anzugeben. Falls Sie anonym bleiben wollen, kreuzen Sie bitte Geschlecht und Alter an. Wir danken Ihnen für Ihre Mitarbeit.

1. Welches Interesse haben Sie für den Musikunterricht?
a) großes ...
b) mäßiges ...
c) kleines ...

2. Wie ist der Ablauf Ihrer Gedanken und Gefühle, wenn Sie ein für Sie neues
Musikwerk einzuschätzen haben?
Musikwerk: 1.)
2.)
3.)
4.)

3. Helfen Ihnen dabei die Höraufgaben des Lehrers?
a) ja, ich konzentriere mich während des Hörens ganz auf die Wiedergabe;
b) ja, aber ich höre mir erst das Werk an, versuche anschließend, die Höraufgabe
zu
beantworten;
c) die Höraufgabe hilft mir zwar, das Werk besser zu verstehen, ist aber nicht
unbedingt notwendig;
d) ich schätze das Werk ein, ohne die Höraufgabe zu beachten.

4. Werden Sie oft in die Lage versetzt, aus anderen Fächern Erlerntes im
Musikunterricht anzuwenden? (z. B. Geschichte, Literatur, Staatsbürgerkunde)
ja, öfter – selten – nie
Nennen Sie ein Beispiel!
_____

5. Hilft Ihnen im Musikunterricht manchmal eine Folge von erlernten Denkschrit-
ten,
wie man sie z. B. in Mathematik zur Lösung von Textaufgaben braucht?
Ja, im Stoffgebiet _____
Nein, ich erlebe es gefühlsmäßig (z. B. _____)

6. Bei welchen Gelegenheiten oder Situationen hat Ihnen das Wissen aus dem
Musikunterricht etwas genützt?
Außerschulisch: _____
In anderen Unterrichtsfächern: _____

Ich gestehe leichten Herzens, dass mich mitten in der Lektüre eine Verblüffung befiel, die aber zum Glück in folgender Überlegung gipfelte:

Sollte die letzte Frage auf dem Arbeitsblatt nicht c u i b o n o lauten?

Wie heißt es doch bei dem französischen Schriftsteller Marcel Mart: „Leistung allein genügt nicht. Man muss auch jemand finden, der sie anerkennt."

Das Springer-Syndrom

Kaum hatte ich an der ersten Schule halbwegs Fuß gefasst, da überfiel mich die Mitteilung, dass ich zu Beginn des folgenden Schuljahres an eine andere Lehranstalt müsse. Aus rein organisatorischen Gründen, wie es hieß. Aber gleich kam es noch dicker. Einesteils, so die Maßgabe, müsse ich als eine reguläre Schwangerschaftsvertretung präsent sein, anderenteils als *Springer*. Letzteres sollte sich, und zwar „in der Tat", als derart aufregend erweisen, wie es klingt. Die „durchgestellten" Organe ließen mich wissen, dass ich dies nicht als simple Maßnahme zur Beschaffung von Arbeit verstehen solle, dann schon eher als eine Möglichkeit der Vorbereitung auf meinen Ehrendienst. Ohne es selbst zu ahnen, hatten sie damit den Nagel auf den Kopf getroffen.

Was mich an meinem neuen Arbeitsplatz erwartete, wurde zum wirklichen Härtetest. Es war also völlig normal, dass ich am heutigen Tag noch nicht die leiseste Ahnung davon hatte, wie mein Stundenplan für morgen aussah. In einem Anflug von Edelsinn räumte ich ein, dass im Vorhinein kein Stundenplaner der Welt wissen könne, wer in der Nacht verunfalle oder sich vielleicht mit anderem Ungemach überziehen könnte. Zu einer Tageszeit immerhin, die als *stille*, ja mehr noch, als *heilige*, beschrieben wird! Für mich selbst war Dunkelheit an sich noch nie ein Ambiente für fromme Rückzüge gewesen. Für gelebte Unruhe schon eher. Doch selbst dann nur bei striktester Einhaltung der Stadtordnung!

Es dauerte nicht lange, bis mir klar wurde, worunter ich damals litt – womöglich als der erste Mensch überhaupt: unter einem echten *Springer-Syndrom*. Während ich mich Nacht für Nacht pausenlos hin und herwälzte, hatte ich natürlich genügend Zeit zum Grübeln: Würde es hoffentlich morgen wieder *Plan-losen* Unterricht, solchen wie den heutigen, geben?

Eine besondere Härte bestand darin, dass ich Unterstufenlehrer war. Ja und? An meiner neuen Arbeitsstelle konnte es durchaus geschehen, dass ich, naturgemäß unvorbereitet, zunächst in einer siebenten Klasse Physik erteilen musste und danach in derselben Klasse Musik. Damit aber nicht genug, denn anschließend ging es gleich weiter. Und zwar in einem Industriebetrieb, den man schon nach halbstündiger Straßenbahnfahrt erreichen konnte. Nun also bestand meine Aufgabe in der Begleitung einer neunten Klasse bei ihrem Unterrichtstag in der sozialistischen Produktion (UTP).

Demzufolge war es keineswegs verwunderlich, dass ich mir bei meinem neuen Schulanfang, quasi meinem dritten, vorkam wie eine *Rundumleuchte.* Auf ganz besondere Weise erlangte ich ungeahnte Einblicke in allerlei Höhen und Tiefen des Lehrerdaseins.

Der Begriff „Springinsfeld" bekam für mich existenzielle Bedeutsamkeit. Immer dann, wenn ich eine Truppe von dreißig Schülern – mir weitestgehend unbekannten Schülern – zum Schulgarten lotste. Anfangs fuhren wir straßenbahnzusammengepfercht und somit allen Mitfahrern konsequent auf die Nerven gehend, kreuz und quer durch die halbe Stadt. Anschließend trippelten wir paarweise auf einer dürftig befestigten Landstraße dahin. Die vorbei donnernden Landwirtschaftsfahrzeuge taten ihr Übriges. Sie sorgten dafür, dass mein neu erworbenes Image als „Springer" zur Nachahmung anregte. Zur Rettung ihres jungen Lebens sprangen die „Normalos" unter den Schülern regelmäßig in den Straßengraben und die Sportskanonen darüber hinweg.

So bewahrheitete sich für mich schon damals die Behauptung (eines mir völlig Unbekannten), die davon ausgeht, dass es wenig Sinn habe, die Kinder zu *erziehen* – da sie sowieso alles nachmachten.

Je mehr man versucht, sich in die Welt des Kindes zu versetzen, desto öfter kommt es vor, dass selbst die abgedroschensten Floskeln aus der Welt der Erwachsenen wieder in neuem Licht erscheinen. Ich möchte dies am Beispiel von „Kleinvieh macht auch Mist" verdeutlichen.

Man versuche zunächst irgendwie, sich dreiunddreißig Zwerge einer ersten Klasse vorzustellen. Hoch motiviert waren sie in der von ihnen gefühlten Ordnung angetreten: einige unbedarft erwartungsfroh, andere dagegen wie von vorauseilendem Gehorsam infiziert. Alle wollten ihr Bestes geben in dieser allerersten Sportstunde, die nebenbei auch die meinige erste war.

Was mich nun betraf, so verfügte ich in dieser speziellen Fachmethodik über unbegrenzte Ahnungslosigkeit. Dazu kam die Animosität gegenüber jeglichen Bewegungen mit Wettbewerbscharakter.

Trotzdem bestand meine Aufgabe darin, mir einige kindgemäße Bewegungen – zumindest aus den Fingern zu saugen. Wie so oft in den letzten Tagen, hatte ich auch heute erst in letzter Minute vom ungeahnten Glück dieser Stunde erfahren. Es müssten Bewegungen sein, so sinnierte ich, die man notfalls auch befehlsmäßig auslösen könnte, als überzeugende Demonstration meiner Vorbereitung auf die NVA. Ich befand mich in einer beklemmenden Lage. Und das Allerwichtigste: Nie und nimmer dürfte ich die Kleinen außer Rand und Band geraten lassen!

Nach einer verheißungsvollen Begrüßung, die sich anhörte wie ein Gemisch aus Vorfreude, Spannung und Ehrfurcht, begann auch schon das Elend. Zunächst war nur leises Weinen zu hören, das dann schlagartig in herzzerreißendes Schluchzen überging: „Herr Läh-rer, i mu-huss ma!"

Ein hilf- und atemloses Schweigen, das nur von einem schreckdurchzogenen Hinstarren unterbrochen wurde, hatte sich meiner bemächtigt. Mir kamen Erste-Hilfe-Maßnahmen in den Sinn und dabei die schlagartige Erkenntnis, dass selbige eine Aufsichtsverletzung unumgänglich machen würden. Und die dazugehörigen Sanktionen.

Noch viel dringendere Überlegungen betrafen die zeitliche Entfernung bis zur nächsten Toilette.

Plötzlich Entwarnung. Sie kam vom armseligen Opfer selbst, von jener *übervollen* Kleinen. Inzwischen sah sie nicht mehr so entzückend aus, wie sie mir – sie besonders! – noch vor der Turnstunde vorgekommen war. Doch ersatzweise wartete sie mit einer Gegenleistung auf. Das war eine erfolgreiche *Entäußerung*. Dazu das Ganze mitten im Glied!

In jeder Krise steckt ja bekanntermaßen eine Chance. Als ich gerade im Begriff war, mir ein paar strukturierte Gedanken über die Möglichkeiten einer Entsorgung zu machen, kam, wie zufällig, unsere Reinigungskraft des Weges. Für mich indes wurde es Zeit, die allgemeine Aufregung wieder in lehrplankonforme Bahnen zu zwingen.

Die Mauer muss weg!

Dann kam der Tag, an dem es so weit war: Die Einladung zum Ehrendienst war nun auch bei mir, dem halbierten, multilateralen Springer, angekommen. Wenngleich sie nur aus ein paar knappen Sätzen bestand, mangelte es ihr nicht an dezenter Unerbittlichkeit. Nun war restlos klar, dass ich nach zwei, unverhofft turbulenten, Monaten auch von meiner Übergangs-Schule schon wieder Abschied nehmen musste. Niemand wäre auf den Gedanken gekommen, dass das altbekannte „Muss i denn" genauso gut auch „Aus den Augen, aus dem Sinn" bedeuten könnte.

Fataler Weise verbrachte ich den Löwenanteil meiner Armeezeit im Krankenhaus. Ein Lebenszeichen aus der Schule wäre also besonders hilfreich gewesen. Nichts dergleichen geschah. Da zogen massive Zweifel durch mein, ohnehin schon bekümmertes, Gemüt: Versteht man dies etwa unter einem „Kollektiv der sozialistischen Arbeit"?

Trotz meiner, einer scheinbar endlosen, Leidenszeit war ich verblüffend schnell wieder in den schulischen Alltag integriert. Zufällig genau zu Schuljahresbeginn! Doch schon wieder entbehrte das Ganze nicht einer gewissen Verrücktheit. Nicht nur, dass ich erneut an meiner Übergangs-Schule tätig war, als wäre nichts geschehen, nein, ich erfuhr sofort ein grenzenloses Vertrauen. Ohne Umschweife wurde ich einer von zweiundvierzig Klassenleitern dieser Schule. Ob sich damit allerdings mehr Bürde als Würde verbinden sollte, zeigte sich zum Glück erst später.

Jemand musste bemerkt haben, dass es gewisse handwerkliche Fähigkeiten gab, die unbedingt zu meinen Schwächen zu zählen waren. Verständlich also, dass ich die Chance erhielt, eine sogar kostenfreie Chance, diesen Zustand zu verbessern. Dessen ungeachtet war meine erste Bewährungsprobe eine verdeckt politische.

Da es sich bei meiner Schule um eine der ältesten von Leipzig handelte, war sie auch besonders bewahrungswürdig. Diesem Tatbestand war beispielsweise eine unüberwindliche Backsteinmauer geschuldet.

Wenngleich später nicht mehr auszumachen war, welcher Teufel da wohl am Reiten gewesen war, erscheint mir das Ganze aus heutiger Sicht als ein denkwürdiges Omen. Es kündete von einer Aktion, die eines Tages die ganze Welt bewegen sollte. In der mir eigenen Naivität sah ich so etwas natürlich nicht voraus. Zum Glück nicht als einziger.

Es war ein strahlend kühler Septembermorgen, als mich, den dafür in keiner Weise qualifizierten Pädagogen, die Order erreichte:

„Die Mauer muss weg! Koste es, was es wolle!"

Anfangs hielten sich das Erstaunen über solch ein Ansinnen sowie der Stolz auf einen derartigen Vertrauensvorschuss noch die Waage. Letzterer bediente vor allem meine Eitelkeit. Dabei hatte ich nicht die geringste Vorstellung von irgendeiner Abriss-Strategie.

„Wie bei den Spechten", meinte sogleich einer von den Knaben, die sich, mehr oder weniger erwartungsvoll, um mich herum aufgestellt hatten. Wollte er ein wenig aus der jungen Garde der Produktivkräfte herausragen?

„Statt Schnabel nehmen wir eben Hammer und Meißel!", er nun schon wieder. Durch sein Grienen vermittelte er den Eindruck, dass er sich mit solchen Dingen einigermaßen auskannte. Und er hatte, als Reaktion auf mein verständnisloses Gesicht, auch schon die nächste Erklärung bereit:

„Mein Paps ist Steinmetz."

Aus dem nervenden Vogelgeschnatter wurde ein erstauntes Innehalten. Zum tatsächlichen Problem allerdings wurde nun ein *materielles*. Woher kriegen wir die Werkzeuge? Nach meiner Kenntnis war im Lehrplan der Polytechnischen Oberschule die Bearbeitung von steinernen Objekten nicht vorgesehen. Also machte sich eine Beratung mit dem Kollektiv der „Mauerspechte" dringend erforderlich.

„Könnte man vielleicht auf häusliche Reserven zurückgreifen?", meinte der Pseudoprofi nun schon wieder.

„Der hat gut reden!", flüsterte mir ein Junge zu, der unmittelbar neben mir stand.

„Du meinst, weil er aus einer Steinmetz-Dynastie stammt?", fragte ich.

Der Junge nickte lebhaft.

„Eh Leude, wie wär, wenn jeder etwas von seine Daschegeld gibet und eine Meißel gauft", versuchte es nun ein dunkelhäutiger Knabe. Die dafür erhoffte Aufmerksamkeit erlangte Ali jedoch nur bei ganz wenigen. Überhaupt ließen die gezeigten Unmutsäußerungen erkennen, dass man sich „mit so einem wie ihm" nicht gerne gemein machen wollte.

Die Vielfalt der Ansichten zeigte mir schließlich folgendes: Mehrheitlich wollte man sich durchaus mit dem Fall identifizieren und auch nach brauchbaren Lösungen suchen.

Nun war ich gefordert, ich, der ich keineswegs mehr Ahnung von dem Ganzen hatte als die mir anvertrauten Knaben. Es wurde allerhöchste Zeit, dass ich den Eindruck erweckte, ich hätte wenigstens einen ungefähren Durchblick. In meiner Not begann ich mit einer „Grundsatzrede" – so ähnlich also wie ein Politprofi:

„Ihr seid, wie ihr wisst, achtzehn Schüler. Wie in jedem anderen Fach, so auch in Werken, hat eine Doppelstunde ihre neunzig Minuten."

(Überwiegend erstaunte Blicke).

„Nun liegt es ausschließlich an der unzureichenden Anzahl von Werkzeugen, dass zur selben Zeit immer nur vier Leute arbeiten können. Folglich müssen wir schon nach fünf Minuten wechseln. Was aber bedeutet das?"

(Angestrengtes Nachdenken in verschiedenen Lautstärken).

„Ich hab's!", rief da plötzlich ein schmächtiger Blondschopf. Er war so aufgeregt, dass er reflexartig beide Arme hochriss, um ja zu Wort zu kommen.

„Na dann schieß los!", ermunterte ich ihn.

„Jeder darf genau zwanzig Minuten."

„Großartig!", lobte ich ihn, „schade, dass dein Mathelehrer nicht hier ist."

Damit war der kaderpolitische Teil erledigt, und die eigentliche Arbeit konnte beginnen. Um mich aber auch juristisch ein wenig abzusichern, beorderte ich zunächst nur diejenigen an die Mauer, die glaubhaft beteuert hatten, dass sie schon mit Hammer und Meißel zu tun gehabt hätten.

Ich hatte großes Glück, denn es ereigneten sich nur kleinere Missgeschicke. Es handelte sich zumeist um zerschrammte Handrücken oder um Daumen, die, nachdem sie mit Blutblasen ausgestattet waren, mittels tränenreicher Ausbrüche sogar buchstäblich *verschmerzt* werden konnten.

Statt von Anwälten oder Protestparteien heimgesucht zu werden, erfuhren wir gelegentlich echte Anteilnahme. Sie kam von privaten Bevölkerungsteilen, die aus reinem Zufall an der Schule vorbeikamen. In ihren gelegentlichen Erregungszuständen zeigten sie sowohl Bewunderung wie auch Mitleid und Abscheu. Manche von ihnen gingen spontan dazu über, sich mit den „armen kleinen Maueropfern" zu solidarisieren. Zwei steinalte Damen wollten ihnen sogar ihre Westkaugummis leihen. „Dann eben nicht!", riefen sie beleidigt, „aber dann wenigstens ein paar Bonbons!"

Eines Tages – wir waren *in Werken* inzwischen schon zwei Monate *am Werken* –, ging unverhofft unser Direktor an der (Ab)baustelle vorüber. Nach ersten Anzeichen seiner Verwunderung ließ er ein wenig Wohlgefallen erkennen. Unvermutet blieb er also stehen und wünschte uns weiteren Erfolg beim „Rückbau".

In meine Richtung jedoch rief er: „Ach, Kollege, machen Sie mir doch umgehend einen Bericht!"

„Auch das noch!", entfuhr es mir.

Da grinste der Chef, wobei er wie üblich sein Fernandel-Gebiss aktivierte. Dann tippte er an einen reichlich abgewetzten Hut.

Bericht über die Destabilisierung der Mauer:
Seit zwei Monaten kämpfen die Kollektive der sechsten Klassen um die totale Zerstörung unserer Mauer. Sie tun dies täglich aufs Neue und buchstäblich *Stück für Stück*. Nach einigen Startschwierigkeiten, die sich aus dem ungewohnten Umgang mit Hammer und Meißel ergeben hatten, können wir nun aber einschätzen, dass es uns gelungen ist, das Problem auf ein Mindestmaß zu begrenzen.

Die mutige Aktion „Nieder mit der Mauer!" trägt in besonderem Maße dazu bei, dass sich zahlreiche Kinder aus verschiedenen sozialen Schichten zu Persönlichkeiten entwickeln können, die uneigennützig an der Verwirklichung unserer kommunistischen Menschheitsideale beteiligt sind. Dies zeigt sich schon heute an folgendem:

- an der Hochachtung vor all den, in großer Mehrheit anwesenden, Bauschaffenden
- an einem unbesiegbaren Willen zum schonungslosen Umgang mit der, überreichlich verfügbaren, Zeit
- an der unzähmbaren Bereitschaft zu zügellosem Übermut und durchaus fragwürdiger Tapferkeit
- an der unverrückbaren Überzeugung, dass jegliche Vorsicht bei gleichzeitig vermeidbarer Rücksichtnahme völlig übertrieben sei
- am allseitigen Verständnis für einen hautunverträglichen proletarischen Internationalismus.

PS: Auch wenn wir nie mehr das zum Niederreißen einer Mauer erforderliche Großgerät erhalten werden – wird es doch auf den Großbaustellen des Sozialismus viel dringender benötigt –, halten wir zuversichtlich an unserem Auftrag, der Vernichtung jeglicher Überreste aus vorkommunistischer Zeit, fest.

Das Kollektiv „Mauerspechte"

Alldieweil es in allen Gruppen und an jedem neuen Tag die entsprechenden Teilerfolge gab – überall dort, wo die munteren Burschen ihre furchtlosen Nahkämpfe mit der Mauer ausfochten –, blieben zwangsläufig auch mediale Reflexionen nicht aus. Und so war es mehr recht als billig, dass auch wir die entsprechende Würdigung erfahren sollten.

An einem spätherbstlichen Vormittag war es so weit. Wir bekamen charmanten Damenbesuch von der „Leipziger Volkszeitung".

Wie viele Stunden im Rahmen des Nationalen Aufbauwerkes wohl an dieser Mauer geleistet worden seien?, schien eine der jungen Zeitungsmacherinnen besonders zu interessieren.

„Jaa, eigentlich gar keine", erwiderte ich zögerlich, dafür wahrheitsgemäß.

„Also das verstehe ich nicht", erklärte die andere. Bei ihr handelte es sich vermutbar um die Schreiberin vom Dienst.

„Das ist furchtbar einfach", so meine entwaffnende Rede weiter, „denn das, wonach Sie fragen, sind in Wahrheit echte Unterrichtsstunden – circa 120 … also bis heute!"

In den Gesichtern der Zeitungsdamen begann sich eine gewisse Verständnislosigkeit abzuzeichnen. Begreiflich, dass die abrupte Verabschiedung nur von säuerlichem Lächeln begleitet war.

Wenige Tage später. – Ohne Umschweife bat mich der Direktor zu sich. „Haben Sie's schon gelesen?"

„Leider nein, ich verfüge über keine eigene Zeitung."

„Schau'n Sie mal, hier:

‚Das Nationale Aufbauwerk hat viele Gesichter

Wie wir von der Lokalredakteurin erfuhren, leisteten die Pädagogen der W.-Pieck-OS vorbildliche Arbeit im Rahmen des NAW. Für ihren Einsatz zur Beseitigung der alten Schulmauer opferten sie 120 Stunden von ihrer kostbaren Freizeit.'"

Grinsend und mit angehobenen Schultern gab der Chef zu erkennen, dass er dem absolut nichts hinzufügen mochte.

Die Sache mit dem höheren Wesen

Eine der Besonderheiten von älteren Menschen ist zweifellos die, dass sie hin und wieder auf ihre Jugend zurückblicken. Ich zum Beispiel denke manchmal noch an meine Konfirmandenzeit. Sie diente zum einen der Ausrichtung auf ein bedeutendes Ereignis in meinem Leben, zum anderen war sie auch über die Maßen spannend. Um mich dabei aber in Demut zu üben, war ich in jener Zeit gehalten, mich Dutzenden von Fußmärschen zu unterziehen. Zusammen mit neun weiteren Kandidaten praktizierte ich dies zweimal pro Woche und bei jedem Wetter. Wie zu vermuten, stand am Ende jedes Mal die Kirche vor uns. Jene dienstägliche Tour war es auch, die uns regelmäßig auf eine merkwürdige Probe stellte.

Das göttliche Haus war für uns nicht nur das Ende, sondern gleichsam ein neuer Anfang. Nämlich der vom Rückweg. Schon vor langer Zeit hatte sich die Kirche, weithin sichtbar, auf einem sanften Hügel etabliert. Dummerweise erhob der sich aber erst am *unteren* Ende des unteren Nachbardorfes.

Bei unserem Fußmarsch, der uns, wie erwähnt dienstags, zum Konfirmandenunterricht brachte, handelte es sich keineswegs um einen richtigen Marsch. Dies zeigte sich an unserer speziellen Art der Fortbewegung. So orientierte sich sein unsteter Ablauf an einem Vorbild, das eher an Gänse, statt an Militär erinnerte. Selbst dem Gang nach Canossa war er, allein wegen seiner Ziellosigkeit, nicht vergleichbar.

Und so kam es auf dem Rückweg des Öfteren vor, dass wir ins Stocken gerieten. Schuld daran – so jedenfalls dachten wir zunächst – sei die sich unablässig ändernde Richtung. Dabei erfolgte sie nur um den Preis einer Abkürzung, auf welcher die Mehrheit von uns bestand. Die wirklichen Stockungen dagegen hingen von anderen Unwägbarkeiten ab.

Immer dann, wenn sich unsere Jungschar kurz vor ihrer Heiligspre-
chung befand und sich dazu also im Gemeindesaal versammelt hatte,
geschah es, dass wir von draußen ein Zeichen erhielten. Ausgerechnet
dann, wenn es uns wieder vergönnt war, den, allesamt von Gott geseg-
neten, Kriegserlebnissen unseres mittelalterlichen Pfarrers zu lauschen.
Selbige mussten ihn so beeindruckt haben, dass er sie nun auch uns so
nahe wie möglich bringen wollte. Dazu unter vollem Einsatz seiner,
ohnehin überbordenden, Gestik! War es ein Zufall, dass der Gottesmann immer dann auf dem Höhepunkt seiner „vorkonfirmandlichen
Unterweisungen" angelangt war, wenn wir *sie* durchs Fenster erspähten?
Bei ihnen handelte sich um Gestalten, die nicht „mal eben so" vorbei-
schlichen. Unzweideutig gaben sie uns zu verstehen, dass man draußen
sehnsüchtig auf uns wartete.

Keine Angst, so ließen sie verlauten, es ginge ihnen nur um „kriegsähn-
liche" Aufeinandertreffen. Und wir – so ihr großherziges „Angebot",
dürften uns darauf verlassen, dass sie sowohl das „Zeitfenster" wie auch
eine gleich bleibende Truppenstärke strikt beachten würden.

Bevor sie in ihre Rollen als Kleinkriminelle geschlüpft waren, hatten sie
noch dafür gesorgt, dass sie sich notfalls an der Seite von unnötig großen Haustieren aufhalten konnten. Außer diesen Bestien führten sie
noch weitere, gleichfalls Angst einflößende, Besitztümer mit sich. Darunter auch einige sc*hlagfertige*. Somit wähnten sie sich nicht nur als die
Sieger der Schlacht, sondern gleichsam als die Repräsentanten ihres
Dorfes.

Das Dorf nannte man zwar unser Nachbardorf, es war uns jedoch seit
Urzeiten spinnefeind. Umgekehrt gleichermaßen. Aus einem unerfindli-
chen Grund glaubten unsere Gegner, dass sie nicht nur die besseren
Vertreter *christlicher* Werte, sondern ebenso die dem lieben Gott gefälli-
geren Kinder seien. Und das Allerschlimmste: Das Ganze geschah zu
einer Zeit, in der die meisten von ihnen gleichfalls angehende Konfir-
manden waren!

Die andere der beiden Touren fand sonntags statt, dann aber *un*unterbrochen. Schuld an diesem Ausnahmezustand war die weihevolle Stimmung. Sie bewirkte, dass sich mancher Gedanke, der ja ohnehin auf den Gottesdienst gerichtet war, so ganz allmählich und besonders phantasievoll entfalten konnte.

Es gab da nämlich etwas, das für mich und meine Schicksalsgefährten tausend Mal wichtiger war als das regelmäßige sonntägliche Erscheinen. Es handelte sich im wahrsten Sinn um ein Objekt reiner Begierde, um einen, scheinbar unbedeutenden, Gegenstand, der sich *Anwesenheits-Stempel* nannte. Den bekam man einfach aufgedrückt. Nicht auf die Stirn oder andere ungeeignete Extremitäten, sondern in den Konfirmandenausweis. Von einem Angestellten der Pfarrei. Das Ganze zumeist kommentarlos.

Wir, die sprichwörtlich schlichten Dörfler, wussten uns dafür zu bedanken. Wir gestatteten besagtem Gerät eine besondere Form der Freizügigkeit. Er dürfe – vor allem bei gelegentlicher Abwesenheit des „Kirchenstemplers" – seinen besten *Eindruck* ebenso in den Ausweisen der Daheimgebliebenen hinterlassen. Schließlich ginge es hier nicht um die Beschaffung von Alibis, sondern um das genaue Gegenteil.

Nachdem nun endlich der letzte Abdruck seine Spur hinterlassen hatte und wir inzwischen im Innern der Kirche angelangt waren, konnten wir *sie* entdecken. Diesmal ging es nicht um ein paar belanglose, sogar deckungsgleiche Eindrücke. Hier, sozusagen vor Ort, zeigte sich etwas ganz anderes: mehr oder weniger tiefe regelrechte Ein*schnitte*. Jeder, der genauer hinsah und keine Tomaten auf den Augen hatte, konnte sie erblicken. Unfassbar das Ganze, denn sie zeigten sich inmitten von altehrwürdigen Kirchenbänken! Vielleicht aber auch deshalb, weil man sie hier besser dem Thema „Schnitzkunst und Religion" zuordnen konnte.

Neben zahlreichen stilisierten Darstellungen, die der Heiligen Schrift entlehnt waren, gab es genauso viele Obszönitäten aus der Gedankenwelt junger strammer Gemeindeglieder.

Auch volkstümliche Reime waren zu besichtigen. Einige von ihnen hatten einen solchen Umfang, dass er unbedingt den mehrmaligen Gottesdienst-Besuch seines Verfassers zur Voraussetzung hatte. Sitzungen, die immer an demselben Platz abgehalten werden mussten.

Besonders an einen der Reime erinnere ich mich genau:

Neuer Dag, neues Glüg, die Forhaud ged nich mär zerrüg!!!

Rund ein Jahrzehnt später fielen mir die Einschnitte wieder ein. Aus gegebenem Anlass. Just in einem Augenblick, als der Fachberater für Musik – ich kannte ihn aus gemeinsamer Chorzeit – auf mich zukam und grinsend kundtat:

„Die Stunde, die ich soeben bei der verehrten Kollegin verbringen durfte, war eine einzige Katastrophe. Der Spruch dagegen, den ich unter meinem Tisch entdeckte, ist preisverdächtig." Er blätterte in seinem Hospitationsbuch und freute sich diebisch, sodass er mir gleich zeigte, was er akribisch übertragen hatte:

‚Der Schnulli ist zu Ende. Nun ist die Spule leer. Wir klatschen in die Hände und sehn uns heut' nicht mehr.'

Nochmals schüttelte er sich dabei vor Lachen, zog dann aber die Stirn in Falten und wurde ernst:

„Du kannst dir sicher nicht vorstellen, was bei der im Unterricht los ist. Um einen Spruch dieser Länge, und vor allem in derartig hartes Holz zu schnitzen, braucht man mehr als nur eine Unterrichtsstunde. Und das Tollste daran: Die Dame scheint nichts davon bemerkt zu haben.

Und du, Kollege, was machst du hier?"

„Weiterbildung für Unterstufenlehrer", entgegnete ich.

Nach kurzer Pause dann wieder er: „Was ich jetzt sage, meine ich im vollen Ernst. Hättest du nicht Lust auf ein Musiklehrer-Studium?"

„Ziemlich überraschend, meinst du nicht?", erwiderte ich verblüfft und merklich verunsichert.

„Das schon, aber willst du denn lebenslänglich da unten rumwuseln?"

„So sehe ich das beileibe nicht. *Ich* jedenfalls brauche die geschnitzten Sprüche nicht zu fürchten."

„Lass dir trotzdem die Sache mal durch den Kopf gehen! Die nötigen Unterlagen könntest du sofort von mir kriegen."

Schon nach ersten, wenig „Ziel führenden" Unterhaltungen erschienen sie mir wieder, die berühmten zwei Seiten. Mir dämmerte, dass ich mich letzten Endes zwischen zwei grundsätzlich verschiedenen Lebenskreisen entscheiden müsste. Da wären zum einen die jungfräulichen Bedingungen im durchsichtigen kindlichen Milieu, zum anderen die ungemein flotten Sprüchen, wie sie wohl von verräucherten, alkoholisierten und frühzeitig die Hörgeräte-Akustik frequentierenden *Discotanten* und -*onkeln* geklopft werden dürften.

Manche Formulierungen in den Studienunterlagen wirkten wie „böhmische Dörfer" auf mich, doch ich hatte stets so eine vage Hoffnung. Sie wurde von Vergleichen genährt, die ich zwischen mir bekannten Musiklehrer-Typen und mir selbst anstellte und bei denen ich leidlich abschnitt.

Überraschend schnell bekam ich die Aufforderung zu einem *Casting* und nach weiteren wenigen Tagen auch einen positiven Bescheid. Nach einer Hospitation, die extra deswegen bei mir stattgefunden hatte, machte mir mein Direktor prompt die Zusage, dass meinem Einsatz in den oberen Klassenstufen prinzipiell nun nichts mehr im Wege stünde.

„Das Futter, das du brauchst, erhältst du in deinem fünfjährigen Fernstudium", beruhigte mich der Fachberater. Er musste wohl die immer noch vorhandene Unschlüssigkeit bemerkt haben.

„Sagtest du *fünf*jährig'?", fragte ich zutiefst erschrocken.

„Keine Sorge Kollege, im ersten Jahr dreht sich alles um Marxismus-Leninismus."

Zu meinem eigenen Glück fehlten mir entsprechende Worte, sodass ich meine Entrüstung nur gedanklich vollzog: Eigentlich, so erinnerte ich mich, wollte ich doch Musiklehrer werden ... nun aber Marxismus-Leninismus ...

Schon in der folgenden *Testphase* – eine Formulierung, die ich mir selbst auferlegt hatte – wurde mir klar, dass mein extraordinäres Fernstudium, das von Zweiflern und Defätisten ohnehin mit Argusaugen beobachtet wurde, nun auch von mir als Randerscheinung gesehen werden müsse. Quasi im Rahmen eines „Gesamtpakets" schulischer Pflichten.

Nach etwa einem Monat erkundigte sich die Stellvertreterin – und zwar mit deutlich erkennbarem Interesse – nach dem Stand der Dinge. Was ich diesbezüglich von mir gab, war eine Mischung aus gespielter Forsche und ehrfürchtiger Bescheidenheit:

„Ich bin überrascht, wie gut in meinen Klassen die Mitarbeit ist. Sicher liegt das nur am ‚neuen Besen'."

„Vielleicht liegt es auch an der Art, wie Sie unterrichten?", erwiderte die Kollegin mit einem maskenhaften Lächeln.

Ich war verunsichert, während ich ihr meine Sicht der Dinge auseinanderzusetzen versuchte:

„Zumeist sind es dieselben Schüler, die sich wirklich am Unterricht beteiligen. Überwiegend Kinder, die aus Elternhäusern von Künstlern, Medizinern, Pfarrern usw. stammen. Für Außenstehende sind es oft nur Kleinigkeiten, mit denen die Kinder und Jugendlichen beweisen wollen, wie wichtig ihnen ihre zusätzlichen Instrumentalstunden und der häusliche Umgang mit Musik sind. Ich vermute, dass es gerade die Musik ist, die diesen Schülern auch bei anderen schulischen Pflichten zur nötigen Ausdauer verhilft. Und zu einem hohen Maß an Bescheidenheit."

Mit leicht geöffnetem Mund und einem Blick, den ich als „Kopf hoch, Kollege!" deutete, verschwand die Stellvertreterin – sie war von Haus aus für Geografie und Geschichte zuständig – hinter ihrer Tür.

Eine Schande, sinnierte ich mal wieder, dass die eigentlichen Zugpferde in den jeweiligen Klassenverbänden nur selten so gut vorankamen, wie es ihnen durchaus möglich gewesen wäre. Oftmals lag es daran, dass ihre höchstpersönlichen kulturellen Gewohnheiten nicht mit der verordneten Kulturpolitik übereinstimmten. Dennoch – und das war frappant – wurden sie gerne von der Schule vereinnahmt. Vor allem dann, wenn bestimmte gesellschaftliche oder schulpolitische Höhepunkte in hellstem Licht erstrahlen mussten. Dann, ja dann funktionierten sie sogar ohne FDJ-Bluse!

Eines Tages – ich wollte mich frohgemut zur bevorstehenden Klasse begeben – sprach mich ein Neuntklässler an. Er handelte sich um einen der Zwillingssöhne des im Sprengel wirkenden Pfarrers. Schon in der kurzen Zeit unserer Bekanntschaft war er mir als lebendiger, musikalisch ambitionierter Bursche aufgefallen. Ich wusste, dass er Trompete lernte und Kurrendaner in der Peterskirche war.

„Unsere jetzige Musiklehrerin – wie Sie bestimmt wissen, ist sie schwanger – hat uns verraten, dass wir Sie im nächsten Schuljahr in Musik haben werden?", fragte er in übertrieben höflichem Ton.

Überrascht bejahte ich.

„Ich wollte Sie nur fragen, ob wir da auch eine Prüfung machen?"

Ich nickte.

„Und singen muss man da sicher auch?", war seine nächste, nun aber mit sichtlicher Gespanntheit vorgetragene, Frage.

„Stimmt ebenfalls."

„Also, das geht jetzt auf keinen Fall gegen Sie. Aber ich sage Ihnen schon heute, dass ich, falls ich mit der ‚Internationale' drankommen sollte, auf keinen Fall die zweite Strophe singen werde. Also die mit dem höheren Wesen, na ja, Sie wissen schon."

„Vermutlich weiß ich, was Sie meinen. Weil ich Ihre Botschaft verstanden zu haben glaube, werde ich mir darüber Gedanken machen müssen. Gedanken, die übrigens mit `K´ beginnen werden."

Unsicheres Grienen. Dazu winkelte er leicht die Arme an und ließ die Handflächen nach oben zeigen. Erwartete er aus dieser Richtung ein wenig Erleuchtung?

„Ich meine die *Konfrontation* und die *Koexistenz*."

Da ließ er die Arme wieder sinken, und seine Augen strahlten verständnisinnig.

Die Simultanfalle

Am ersten Tag nach den Sommerferien, dem Beginn der „Vorbereitungswoche", wurde mir bewusst, dass ich nunmehr meine „Teststrecke" hinter mir hatte.

Momentan drängte es mich zu erfahren, ob ich meinen Stundenplan schon in Augenschein nehmen könnte. Die Schulsekretärin hatte mich darauf hingewiesen, dass sich dessen Fertigstellung unter Umständen immer wieder hinauszögern könnte. Auf Grund von Korrekturen, die dann allerdings nicht mehr im Ermessen der Schule lägen.

„Oh, das ist ja günstig!", entfuhr es mir gleich nach einem ersten Überfliegen. Voller Begeisterung hielt ich deshalb einer Kollegin, die – außer dass sie sich an ihrer Kaffeetasse festhielt – nur so in der Gegend herumstand, meinen Plan unter die Nase.

„Was denn?", fragte sie, schien aber nicht wirklich interessiert.

„Na, dass jede Klassenstufe mehrmals erscheint – die Fünf dreimal, die Sechs dreimal und die Sieben sogar viermal, wenn ich eben richtig gezählt habe."

„Und was, meinen Sie, sollte daran günstig sein?"

„Dass ich – schau'n Sie doch mal! – für immerhin vier Klassen nur eine einzige Vorbereitung zu machen brauche, *das* finde ich großartig. Sie nicht?"

Die Kollegin lächelte mild, bevor sie sich dann noch zu einer weiteren Reaktion entschloss: „Sie sind neu bei uns, stimmt's?"

„Ja, gewissermaßen, das heißt, völlig neu bin ich nur in den Oberklassen, genauer gesagt in Musik. Ich war vergangenes Jahr vorwiegend im Keller tätig, in Werken. Warum fragen Sie?"

Die Kollegin stellte ihre Tasse ab, zog die Stirn leicht in Falten und stützte ihr Kinn auf drei Finger der linken Hand. Weil sie ungewöhnlich kurz geraten war, musste sie dabei zu mir aufsehen.

„Ich möchte Ihnen keinesfalls den Mut nehmen, Kollege, aber wissen Sie eigentlich, was Sie sich da aufgeladen haben? Wie ich hörte, machen Sie außerdem noch ein Fernstudium?"

Ihr Mitgefühl schmeichelte mir ein wenig, doch instinktiv wollte ich diese Art von Einmischung abblocken: „Da mögen Sie wohl sogar recht haben, aber ich habe es mir nun mal in den Kopf gesetzt", erwiderte ich trotzig.

„Ich wollte Ihnen keineswegs zu nahe treten. Im Gegenteil, ich bewundere solche Art von Mut", versuchte Sie es nun jovial. „Aus meiner bescheidenen Erfahrung kann ich Ihnen berichten, wie schwierig allein fünf Klassen schon sein können. Wie es erst mit zwanzig oder noch mehr sein mag – und so viel werden es schätzungsweise wohl sein –, das wage ich mir gar nicht vorzustellen.

Um aber nun wieder auf Ihre Vorfreude zurückzukommen: Dass Sie so einfach dieselbe Vorbereitung für mehrere Klassen nutzen könnten – wie Sie gerade meinten –, diesen Zahn möchte ich Ihnen schon jetzt ziehen. Sie werden alle ihre Klassen, mit jeweils dreißig bis fünfunddreißig Schülern, nur ein einziges Mal pro Woche genießen. Das bedeutet, dass Ihre Vorbereitungen generell auf die jeweilige Klassensituation zugeschnitten sein müssten, ja sie sollten sogar Aufgabenstellungen für ausgewählte Schüler beinhalten. Natürlich alles nur unter der Voraussetzung, dass Sie Wert darauf legten, ein *guter* Lehrer zu sein. Da bin ich mir in Ihrem Fall ziemlich sicher. Oder? - Doch was rede ich da eigentlich. Was habe *ich* hier zu melden? Genau genommen bin nur eine kleine Lehrerin für Kunsterziehung."

Mein lieber Herr Gesangverein, schwirrte es bei mir durch den Kopf. Wissen Sie, was Sie sich da aufgeladen haben?, hatte die auffallend kurze Kollegin gesagt. Anscheinend wusste sie genau, wovon sie sprach.

Und ich? – Ich wusste es naturgemäß nicht. Was für ein Weg stand mir wohl bevor? Eine schnurgerade Allee, eingesäumt von schattigen Platanen? Ein dornenreicher Pfad, dazu mit ungezählten Schlaglöchern? Wenn ich Glück hätte, dann wäre es ein Weg, der sich bequem begehen ließ. Führte er dann durch vermeintlich idyllisches Gelände, dessen gefahrvoller Untergrund sich bald als solcher entpuppte? Dem man bestenfalls mit klumpigen Haxen wieder entkommen würde?

Wer schon einmal versucht hat, sich in die Lage eines Ein-Stunden-Fach-Lehrers zu versetzen, der könnte sich dabei etwas ganz Seltenes zugezogen haben: einen deutlichen Sinneswandel. Dann aber wäre der Musiklehrer nicht mehr allein der Gesuchte. – Von welcher Suche hier die Rede ist? Von der allgemein üblichen Suche nach einem Deppen.

Wenn man von 25 Schülern pro Klasse und von je 3 Klassen in den Stufen 5 bis 10 ausginge, dann hätte es der Musiklehrer-Typ mit mindestens 450 Schülern zu tun. Erschwerend käme dazu, dass sich ein Teil der Zuhörer – manchmal sogar ein Großteil – nicht auf derselben Frequenz wie der Lehrer befände. Warum ist das wohl so?

Die Einen wollen entweder dieses Fach oder „Schule" im Allgemeinen nicht. Andere können – wie sie jedenfalls meinen – nicht singen und möchten sich deswegen auf gar keinen Fall „zum Robert machen". Dazu gesellen sich diverse, unmöglich kalkulierbare, atmosphärische Störungen, die jedoch „das Kraut" zusätzlich „fett machen". Doch gerade dadurch sind Information und Kommunikation so erheblich gestört, dass die geforderten Rückmeldungen, zum Beispiel die vielen Tests, vollkommen witzlos wären.

Dagegen gereicht die andere Seite der Medaille dem Lehrer zum Vorteil. Auf die genannte Weise kristallisieren sich die positiven, wie auch die negativen Persönlichkeiten besser heraus. Das Erinnern und Begutachten von musikalischen und asozialen Potenzialen der Schüler wird also erheblich erleichtert.

Weil dies schon lange auch von jenen zur Kenntnis genommen worden war, die sich für die Bildung des Gemeinwesens verantwortlich fühlten, taten sie das Ihrige, um die Lage spürbar zu entschärfen. So zum Beispiel ließen sie eine Handreichung verbreiten:

„Grundlage für die Zensierung des Verhaltens sind die Forderungen der Schulordnung an die Schüler.

Mit der Zensur für das B e t r a g e n soll bewertet werden, wie sich der Schüler gegenüber Lehrern, Erziehern, Betreuern und anderen erwachsenen Personen sowie gegenüber seinen Mitschülern verhält; wie er das Volkseigentum schützt und pflegt.

Mit der Zensur für F l e i ß sind die Anstrengungen, die Beharrlichkeit und die Initiative des Schülers bei der Erledigung seiner schulischen Pflichten, beim Lernen und Arbeiten sowie seine Gewissenhaftigkeit bei der Erfüllung aller ihm übertragenen Aufgaben zu bewerten.

Mit der Zensur für O r d n u n g soll bewertet werden, wie der Schüler sein Arbeitsmittel behandelt und auf ihre Vollständigkeit achtet, wieweit er die Normen der Ordnung an der Schule einhält. Hier soll auch einbezogen werden, wie der Schüler seinen Körper pflegt und auf Sauberkeit und Ordnung seiner Kleidung achtet. Mit der Zensur für Ordnung ist nur das zu erfassen, wofür der Schüler auf Grund seines Alters die Verantwortung übernehmen kann.

Mit der Zensur für M i t a r b e i t soll bewertet werden, wie aufmerksam der Schüler im Unterricht, bei der produktiven Arbeit und bei schulischen Veranstaltungen ist, wie aktiv er sich beteiligt und dazu beiträgt, gemeinsame Ziele des Kollektivs zu erreichen… (Auszug aus der Schulordnung)

Gut erinnere ich mich noch an die eine oder andere der berühmt-berüchtigten Zensurenkonferenzen. Darin mussten vom Klassenleiter – nachdem er seinen Entwurf für die verbale Einschätzung eines jeden Schülers vorgelesen hatte –, alle Kopfnoten vorgetragen werden. Das geschah in einer Reihenfolge, die logischerweise allen Anwesenden bekannt war. Die Lehrer von „Hauptfächern" saßen in maximal fünf

Klassen dabei, die Lehrer von Ein-Stunden-Fächern in circa zwanzig bis fünfundzwanzig.

Deutlich sehe ich ihn noch vor mir, jenen (deck)weißhaarigen Kunst-erzieher. Über längere, stocklangweilige Zeit hinweg war er krampfhaft bemüht gewesen, sich unter dem jeweils konkreten Schüler*namen* die dazu passende Schüler*gestalt* vorzustellen. Allmählich verließen ihn jedoch die Geisteskräfte.

Die Schulleiterin, dies bemerkend, raffte sich zu einer Erweckungsme-thode auf. In barschem Ton ging sie ihn an: „Und Sie, Kollege Sanft-mut, was geben Sie denn nun?"

Der Kunst-Versteher schreckte hoch und erklärte treuherzig: „Kunst-erziehung!"

Als das Gelächter abgeebbt war, setzte die Direktorin nach: „Damit meinte ich allerdings die Verhaltensnoten, Herr Kollege."

„Oh Verzeihung, könnte ich die letzten vielleicht noch einmal hören?"

Der Klassenlehrer las alle Zensuren zügig vor.

Nachdem der Kunst-Jünger nachdenklich die Stirn gerunzelt hatte, tat er schließlich so, als sei er wieder im Bilde. Als könne er sich nun – trotz der räumlichen, zeitlichen und körperlichen Distanz – wieder das Mehr-oder-weniger-Betragen vorstellen, den, wirklich stattgefunden, Fleiß erinnern, die, erfolgte (oder meist nicht erfolgte), Mitarbeit rekapitulie-ren und daraus schließlich auch noch das Gesamtverhalten ermitteln. Also nickte der Kunst-Jünger vielsagend mit dem Kopf und erklärte: „Ich bin einverstanden."

Vom Festival der Schleimer

Wer, Gevatter Wolf, bist du in Wirklichkeit? Diese Frage in jenen Jahren zu stellen – ganz unverhohlen zu stellen –, war nicht immer folgenlos. Forderte doch auch jede diesbezügliche Antwort den persönlichen „Klassenstandpunkt" heraus. In welchem Ausmaß allerdings, das wurde auch mir klar: im Falle deines spektakulären Falles.

Weil mir Dichter mit Berufsverbot, noch dazu in unserem Land, lange Zeit fragwürdig erschienen, versuchte ich, dem Phänomen Biermann eigenmächtig auf die Schliche zu kommen. Durch die Parteibrille betrachtet, hätte ein jedwedes „Auf-die-Schliche-Kommen" bedeutet, ihm auf den Leim zu gehen. Noch dazu im Lichte einer diffusen Wirklichkeit, die natürlich etwas mit der Berliner Mauer zu tun haben musste, weil die Zweifel an deren Standfestigkeit immer hörbarer wurden. So, wie es sich auch mit der Zahl der Neubauwohnungen verhielt, die von Wolf besungen wurden. Deshalb, weil nicht wenige von ihnen wegen chronischer Materialverknappung nur auf dem Papier existierten. War dies der Grund, weshalb die Bauarbeiter so tief beleidigt waren?
  Eines herbstlichen Tages hatte sich der Wolf entschlossen, seinen engen Bau zu verlassen. Nur mal kurz – nur für ein paar Tage, so dachte er – wolle er sich vom Wunschland seines vermeintlich kommunistischen Daseins trennen, um unbedarft in eine „authentische" Wolfsgrube zu reisen, die doch eigentlich sein Geburtsland war. Alles live im Fernsehen! Dass dies allerdings „seine Vertreibung in die eigene Heimat" (Heinrich Böll) auslösen würde, ahnte nicht einmal er selbst.
  Naturgemäß wollten die zahllosen Biermann-Fans mit dabei sein. So wie ich, und zwar auf dem Sofa. Doch das Wichtigste hatte ich nicht bedacht: die Westantenne.
  In meiner Not fasste ich den Plan, zwei, bis dahin unbefleckte, Kollegen zu missbrauchen. Sozialistische Lehrerpersönlichkeiten, die ihr „zweites Standbein" darin sahen, Menschen in Not zu helfen. Warum

also nicht auch mir? Bei ihren Kunden handelte es sich durchweg um ehrbare Bürger, die eines gemeinsam hatten: Sie litten unter *einseitigem* Fernsehentzug. Diese gedungenen Kumpel wollten also nichts weiter, als ihren Mitbürgern wieder ein Leben in Würde zu ermöglichen. Um nun auch mir eine neue *Sicht* der Dinge zu verschaffen, stiegen sie mir aufs Dach. Laut dem Genossen „Schmuddel-Ede" würde dies jedoch unweigerlich mit einem Dachschaden enden.

Ich ließ das „außen vor". Immerhin, so beschwichtigte ich mich, hatte nicht einmal das bandenmäßig organisierte Absägen von Antennen für eine Lustbremse gesorgt.

Gleich am frühen Morgen nach dem grandiosen Konzert hatten sich die ersten Nachtschnecken angeschickt, auf ihrer eigenen Schleimspur Karriere zu machen. Naive Wesen wie ich dagegen blieben von diversen *liniierten* Züchtigungsversuchen nicht verschont. Treuherzig hatte ich verkündet, dass ich auf dem Sofa dem Wolf beim Heulen zugeschaut hatte. Obwohl mir sonnenklar sein musste, dass ausgerechnet ein *Dokumentierter* des Wolfs „Westkonzert" hätte auf gar keinen Fall tangieren und noch viel weniger konsumieren gedurft, gab ich tatsächlich zu, das Ereignis in seiner vollen Länge förmlich aufgesogen zu haben.

Während landauf, landab eine Woge des Protests über ihm, dem „elenden Verräter an den Ideen des Sozialismus", zusammenschlug, hatte ich mein Unverständnis geäußert und eine, dazu auch von mir geforderte, Unterschrift einfach nicht geleistet. Man könne doch nicht gegen jemanden sein, den man nicht einmal kennt – nicht kennen konnte!

Das alles geschah zu einer Zeit, als viele Prominente und angebliche Freunde – darunter jede Menge wirklicher und gefühlter Künstler, vor allem aber zahllose Vertreter der Arbeiterklasse – auf den abscheulichen Wolf eindroschen. Obwohl sie ihn fast alle gar nicht kannten.

Ob mir klar sei, dass ich gegen das heilige Prinzip von der Einheit und Reinheit der Partei verstoßen habe, wollte man von mir wissen. Dann erst kam die eigentliche Schande zur Sprache: Ich hatte mir eigenmächtig die technischen Möglichkeiten geschaffen, um den Westen empfangen zu können.

Darauf gab ich aber zu bedenken, dass mir einige Genossen bekannt seien, die viel großherziger mit medialen Vergiftungsgefahren umgingen als ich. Ob es wohl möglich sei, dass bei uns verschiedene Kategorien von Genossen existierten? Daraufhin wurde ich Kopf schüttelnd aus dem *parteierzieherischen* Gespräch entlassen.

Zum Glück böte sich dazu aus heutiger Sicht keinerlei Vergleich an. Nicht einmal dann, wenn gelegentlich von einem „Paradigmenwechsel" die Rede ist. Und von „Nestbeschmutzern". Wäre es also folgenlos, falls jemand seine unsterilen Finger auf eine offene Wunde legte? Schlimmstenfalls brauchte man sich – statt gleich ausgebürgert zu werden – nur in eine Ecke stellen zu lassen. Notwendiger Weise in die rechte, weil links ja das Herz überwiegend schlägt.

Die Eroberung des Nutzlosen

Wie schon so manches Mal, begegnete ich ihm jüngst wieder im Treppenhaus. Bei ihm handelt sich um einen von den unauffälligen, den eher symphatischen Mitbewohnern. Von jenem Schlag also, bei dem man sich gern auch mal auf ein Schwätzchen einlässt. Ich hatte schon bemerkt, dass es auch ihm keineswegs unangenehm war, wenn wir uns über den Weg liefen.

Heute eröffnete er mir ohne Umschweife, dass er schon seit Tagen etwas mit sich herumtrage, etwas gewiss nicht Alltägliches, das er mir liebend gerne einmal gezeigt hätte. Leise fügte er hinzu: „Wiewohl diese Worte schon lange vor meiner Zeit sozusagen vorgedacht worden waren, dazu von einer buchstäblich *schillern*den Persönlichkeit, bin ich auch heute noch – wie so oft gesagt wird – ‚ganz nahe' bei diesem Dichter. Nun aber würde ihn interessieren, wie *ich* diese Zeilen fände.

„Ja sehr gern, wenn Sie mich noch etwas genauer ins Bild setzen könnten", entgegnete ich.

„Ach Entschuldigung, Moment. Der Text, den ich meine, geht wie folgt: ‚Der Mensch ist nur da ganz Mensch, wo er spielt.'"

Ich schaute ihn an – zwar leicht verblüfft, doch keineswegs uninteressiert. „Na ja, neben einem möglichen Naserümpfen wäre auch eine wohlmeinende Reaktion durchaus denkbar."

Da sah er mich an, als sei er es nun, der nicht verstünde.

„Sehen Sie", nahm ich sofort den Faden wieder auf, „es kommt doch wohl sehr darauf an, *was* einer gerade spielt, wenn er nun schon mal muss."

Mein Hausgenosse nickte. Das Schiefhalten seines Kopfes sollte bedeuten, dass er dazu gleich noch eine Frage hätte: „Und wie weiter?", sagte er.

„Nur mal angenommen", entgegnete ich, „es spielte einer etwas Extraordinäres – meinetwegen Fußball. Solch *spielender* Mensch bekäme vielleicht einen Heiligenschein, wie man ihn vom ‚Sommermärchen' kennt."

Die angespannte Miene meines Nachbarn hellte sich auf. Jetzt schien er Gewissheit zu haben, dass sich unser Denken in dieselbe Richtung bewege. Leicht erregt drängte es ihn dazu, folgendes zu erklären: „Hier wird deutlich, dass Spiel und Sport auch Gefühle füreinander hegen dürfen. Rein geschwisterliche. Deshalb frage ich Sie, ob es wohl weniger intim zuginge, wenn Spiele nicht in erster Linie auf gezielte Körperlichkeit, gefällige Kontostände und ekstatisches Verhalten setzten?"

Dies hielt ich dann doch für zu idealisiert und sah mich deshalb ein wenig herausgefordert:

„Ja, dann ergäben sich Fragen über Fragen. Zum Beispiel, ob das Spielen auch etwas mit Kunst zu tun hat. Mit der Kunst an sich oder nur mit deren Repräsentation? Oder die Frage, ob die Kunst in Zeiten der Globalisierung noch für irgendetwas gut sein könnte, ja, ob sie überhaupt noch ver*mittel*bar ist. Ich frage das im Zusammenhang mit den zahllosen ‚Rettungspaketen' und einer so genannten ‚Schuldenbremse'. Gibt es denn noch bestimmte ‚Schnittstellen' oder ist das ‚Zeitfenster' für immer zu?"

Er lächelte säuerlich, atmete tief ein und zog dabei die Schultern hoch. Gleichwohl machte er den Eindruck, als setzte er zu einer Grundsatzerklärung an. Weil ich keine Anstalten machte, dem zu begegnen, schien er erst recht motiviert zu sein:

„Zum Glück existiert Kunst ja für alle. Sowohl für diejenigen, die von Kunst im engeren Sinne sogar im weitesten Sinne leben wie auch für solche, die sich bloß für Künstler halten, gar halten lassen."

Ich nickte und zielte sogleich in dieselbe Kerbe:

„Könnte es sein, dass die jahrzehntelange Vernachlässigung der Bildung zunehmend mit dem Gedanken schwanger ging, dass sie notfalls verzichtbar sei? Sonnte man sich vielleicht in der Vorstellung, dass die Zahl der jetzigen Eliten auch in Zukunft noch ausreichte? – Sollten also unsere ‚Verantwortungsträger' eine solche Überzeugung haben, was, frage ich Sie, würde dies für sie bedeuten? Schlimmstenfalls bedeuten? – Dass man sie für Banausen hielte? Und was ist mit ihrem Gewissen?"

„Da sagen sie was!" Mein Gegenüber nickte zustimmend, hielt sich dazu mit einer Hand am Geländer fest und zog sich gleichzeitig eine Stufe höher. Dann fuhr er fort: „Oder nehmen wir die Wahl des Bundespräsidenten."

Ich musste einen recht verdutzten Eindruck auf ihn gemacht haben, denn er hob nicht nur entschuldigend die Arme, sondern nahm unverzüglich den Faden wieder auf: „Im Gegensatz zu einer Wahl ist ein Kunstwerk, zumal ein soeben erst vollendetes, schonungslos dem Plebiszit ausgeliefert. Egal, wie beides ausgeht – die Bildung wie auch die Wahl –, eins bleibt." Er kniff ein Auge zu und fragte: „ Und was meinen Sie, was das ist?"

Ich ließ meine Ratlosigkeit deutlich erkennen, wobei ich ihm direkt ins Gesicht schaute.

Mit verblüffender Selbstsicherheit erklärte er: „Das Kunstwerk ist immer im Vorteil. Niemals müsste es danach streben, für irgend*wen* oder irgend*was* gut zu sein. Natürlich sollte es für sich selber gut sein, gewissermaßen als ein Zweck in sich selbst. Da ein Kunstwerk nie Depressionen erleidet und kein anderes Formtief, muss es sich niemals auf Bahngeleise legen oder nach kürzester Zeit ausgetauscht werden. Und falls es sich um ein Bild handeln sollte, braucht es einfach nur rumzuhängen und aufzupassen, dass es nicht geklaut wird (oder doch mal ausgetauscht). Auf diese Weise lebt es mit der Genugtuung, dass es nie und nimmer ohne jeglichen Gewinn sein könnte. Selbst im Falle seiner Eroberung handelte es sich nie um etwas *Nutzloses*."

Wieder zeigte ich mich überrascht, was mich nebenher zu der Überzeugung führte, dass dies jetzt eine gute Gelegenheit für mich sei. Nie hatte ich den Schneid besessen, mich nach der Profession meines, etwa gleichaltrigen, Mitbewohners zu erkundigen.

„Pauker im Ruhestand", erwiderte er freimütig.

„Hätten Sie nicht Lust, sich ein paar Euros hinzuzuverdienen?

Gerade jetzt, bei solch einem Lehrermangel?"

„Das meinen Sie doch hoffentlich nicht im Ernst? Ich bin heilfroh, dass ich es geschafft habe, einigermaßen unbeschädigt meiner Anstalt zu entkommen."

Er griente, tippte an sein Basecape und enteilte nach oben. Erstaunlich leichten Schrittes – wie ich so bei mir dachte.

Dialektisches

Sobald man als Lehrer in den Verdacht gerät, *veranlagt* zu sein – womöglich eine Spur *autoritär* – wird man auf der Stelle als echtes Erziehungsrisiko angesehen.

Dann aber lässt sich manche überambitionierte Mami ihre latente Feindseligkeit auch schon gleich mal anmerken. Nicht umsonst hatte sie irgendwann beschlossen, für immer ihres Goldtöchchens beste Freundin zu sein.

Aber da gibt es ja noch andere, ich meine die noch einen Zacken schärferen, Zeitgenossinnen. Das sind die, vermeintlich dazu legitimierten, Hobby-Pädagoginnen. In Wahrheit sind sie die Klugscheißerinnen unter den Müttern. Bei ihnen handelt es sich zumeist um, zwar studiert habende, doch nie richtig zum Zuge gekommene Besserwisserinnen. Sie verdammen die Lehrer in Bausch und Bogen und machen die Schule für alle denkbaren und undenkbaren Unzulänglichkeiten ihrer eigenen Brut verantwortlich.

Selbstredend hat die Einschätzung „autoritär" auch ihre guten Hintergründe. Und wieder mindestens zwei Seiten. Autorität mag für den Augenblick hilfreich sein, besonders dann, wenn sie nur um ihres Selbstglanzes willen existiert. Auf längere Sicht indes ist sie ohne günstige Prognose und führt zweifellos in eine Sackgasse. Dann wirkt sie nur noch destabilisierend. Wie auf Kommando bilden sich ganze Bataillone aus Einzelkämpfern und Heckenschützen. Deren einziges Ziel ist es, ein gewaltiges Getriebe in Gang zu setzen, das nichts weiter bewirkt, als die Vergeudung von kreativen Ressourcen.

Es ist abwegig, Autoritäten per se mit einem negativen Vorzeichen zu versehen. Im außerordentlich komplizierten Organismus einer Schule ist selbstsicheres Verhalten der Lehrerinnen und Lehrer erforderlich, ja unabdingbar.

„Die Idee der Zügelung entspringt aus der Verinnerlichung der Differenzen zwischen Lehrer und Schüler bzw. Trainer und Athlet ..., die nichts mit Herrschaft im üblichen Sinn zu tun haben ... Dass Schüler zunächst und zumeist werdende Athleten sind, um nicht Akrobaten zu sagen, die es in Form zu bringen gilt, wurde wegen der moralischen und politischen Mystifikation der Pädagogik nie mit der in einer so bedeutenden Sache gebotenen Explizitheit herausgestellt." (P. Sloterdijk: Du musst dein Leben ändern)

Autoritäres Verhalten wird immer dann von wirklichem Erfolg gekrönt sein, wenn es auf einen Boden trifft, der mit gesunden Nährstoffen angereichert ist. Einer dieser Stoffe ist *Aufgeschlossenheit*. Einer „Null-Bock"-Haltung, wie sie zahllose Schüler – und sogar manche Lehrer – gegenüber der Schule einnehmen, stünde der Stoff klar im Wege.

Unverzichtbar für einen emotional stabilen Unterricht ist die *Humorfähigkeit* des Lehrers. Ich behaupte, dass diese Gabe aus manchem Lehrer-Verhalten, das zunächst ein zutiefst autoritäres zu sein schien, nach und nach sogar dessen Markenzeichen werden ließ. Geschätzt werden Lehrerinnen und Lehrer, die das Talent besitzen, nicht nur spontan und öffentlich, sondern darüber hinaus über sich selber zu lachen.

„Die Härte von Konsequenz wird für Kinder und Jugendliche akzeptabel durch Humor ...

Zu den ersten Zeichen des ‚geistigen' Erwachens eines Kindes gehört das Lächeln. Humor ist ein Merkmal der Güte. Erziehende, denen es an Güte und Humor mangelt, sollten ihren Beruf sofort aufgeben." (Bernhard Bueb)

Schuld war nur der Bossa Nova

Bereits vor der Tür konnte man sie deutlich hören: wohlig-warme Saxofon-Klänge, die mich augenblicklich – und auch sonst zu jeder Zeit und an jedem Ort – in einen gefühlsseligen Zustand versetzten. Während ich also ein Ohr verzückt an die Tür hielt und es beinahe in sie hineindrückte, faszinierten mich gleichermaßen die attraktiven „kleinen Schlägereien". Zweifellos gehörten sie dazu, dennoch erschien es mir, als sträubten sie sich trotzig gegen das eindrucksvolle Gesamtkunstwerk. Sie klangen, als ob man sie – nachdem ihnen auf dem Trommelfell schon die gebührende *Rührung* zuteil geworden war –, nun aber einfach aus dem Handgelenk fallen ließe. Wobei gesagt werden sollte, dass dadurch die Musik ziemlich taktlos wirkte.

Konnte es sein, dass mich all dies nur beeindruckte, weil ich es instinktiv mit dem verglich, was uns heute schon an Sonderbarem, geradezu Widerwärtigem begegnet war?
Wie auch immer – klar war zumindest, dass wir wenigstens den Abend zum beruhigenden Ausklang eines verkorksten Tages werden lassen wollten.

Aber gemach! Zunächst standen wir ja noch draußen – sozusagen draußen vor der Tür. Während also unsere Frauen der noch kommenden Dinge harrten, wollten wir, mein Kollege und ich, schon mal drinnen die Lage sondieren.
Mir fiel wieder der skandalöse Nachmittag ein. Kein Wunder, dass wir uns dort in Gedanken schon an einem anderen Ort befanden und uns dort amüsierten. Schon lange bevor wir die Stätte unseres, nie und nimmer vorhersehbaren, Missvergnügens verlassen hatten. Spontan hatte sich die Mehrheit – das waren drei von vier Personen – für eine, möglichst nahe gelegene, Bar ausgesprochen. Nach einigen Fehlversuchen nahmen wir zu guter Letzt mit irgendeiner „Nachttanzbar" vorlieb.

Ein knochiger Einlassdienst, der den Verdacht nährte, er habe seinen linken Arm in Feindesland verloren, bedeutete uns mit seinem Kopfschütteln und einem kalten Blick, dass man hier gegenwärtig ziemlich leide, und zwar an totaler Überfüllung.

Notgedrungen verfielen wir auf einen Trick: Wir brachten die, in solchen Fällen üblichen, Missfallensäußerungen nicht einfach *stehenden Fußes*, sondern – quasi als Messeneuheit – zusätzlich *kanonartig* zum Ausdruck und zu Gehör. Beinahe hätten wir den Versehrten zum Einlenken bewogen. Doch nur beinahe! Nun blieb uns nichts weiter übrig, als weitere Nachhilfe zu leisten. Als wir so ganz nebenher den Begriff „Trinkgeld" fallen ließen, griff der Türsteher überlegenen Blickes zum Haustelefon. In stark angeräuchertem Flüsterton eröffnete er uns, dass er „eine Ausnahmegenehmigung" einholen wolle.

Warum ausgerechnet für uns?, dachte ich stirnrunzelnd. Für Leute, die diesen Laden noch nie vorher betreten hatten? Fragend, aber nichtsdestoweniger hoffnungsvoll, sahen wir uns in die müden Augen.

Sein ausdrucksloses Gesicht hellte sich merklich auf, während er uns bedeutete: „Ich möchte nicht, dass Sie Ihre Bereitschaft zu einer kleinen Spende womöglich an eine große Glocke hängen! Und wissen Sie, warum?"

In unseren Gesichtern spiegelte sich vollkommene Ahnungslosigkeit.

„Weil ich hier nur als Aushilfe arbeite."

„Ach so, na klar!" beteuerte mein Kollege Jürgen verständnisinnig.

Nach Erledigung der „kleinen Handarbeit" durften wir beglückt zur Kenntnis nehmen, dass wir nun endlich hinein konnten. Es gäbe da allerdings noch eine Kleinigkeit. Erschrocken begannen wir unisono, ein doppeltes Quantum an Luft zu schlucken. Das Ganze, so erklärte der Einarmige, funktioniere nur, wenn wir bereit wären, uns „mit einem nicht sonderlich bequemen Möbel" zu behelfen.

Was wir dann zu sehen bekamen, war ein mickriges Tischchen. Zähneknirschend hatten wir uns nun zu viert daran zu quetschen. Dieses nichtswürdige Teil hatte man sinnigerweise unter eine Dachschräge gestellt und als „Notbehelf" deklariert. Schon nach kürzester Zeit sollte es sich zudem als echtes Verkehrshindernis entpuppen: Man hatte das Ersatzteil unter einer Treppe platziert. Unter jener Treppe, die zur eigentlichen Bar führte.

Zum Glück wurde inzwischen meine Befindlichkeit von etwas Anderem dominiert: von einem stark erotisierender Gesang, den eine südländische Schöne in ihr Mikrofon hauchte. Noch verstärkt wurde seine Wirkung durch eine Gitarre, die mit der Singstimme variantenreich korrespondierte. Und was mich zusätzlich erregte, waren die verlockenden Düfte, die einem Grüppchen eleganter Damen entströmten. Somit handelte es sich um ein paar *reizende* Damen, die mir, rein zufällig nur, auch noch ganz besonders *nahe standen*.

Auf dem Miniparkett – es befand sich in unmittelbarer Nähe des Tischleins – versuchten sich zwei mittelalterliche Pärchen an einem Tanz. War das nicht wieder der ominöse Rhythmus von vorhin?, überlegte ich.

Und es gab auch noch zwei jugendliche Blondinen. Schätzungsweise waren sie zusammen, wie in derartigen Fällen gesagt wird. Schon seit dem ersten Takt versuchten sie mit extravaganten Bewegungen solistisch zu brillieren. Sie schienen überzeugt, dass ihnen auf diese Weise eine ungeteilte Aufmerksamkeit sicher sei. Nicht nur bei den männlichen Besuchern!

Den Damen am Nachbartisch beispielsweise sah man an, dass sie nicht die leiseste Ahnung vom brandneuen Rhythmus hatten. Und schon erfolgte die Auflösung des Geheimnisses. Der Chef der Band gab bekannt, dass sie soeben einen *Bossa Nova* gespielt hätten. Mir fiel ein, dass ich darüber schon etwas gelesen hatte, sehr flüchtig nur. Daher wusste ich auch nicht, dass jener Tanz, vornehmlich in seiner Heimat, auch einzeln getanzt wird.

Zufällig trafen sich jetzt meine Blicke mit denen von Jürgens Frau. Unglückseligerweise saß sie mir direkt gegenüber. Wieder bemerkte ich diese leichte Süffisanz an ihr. Diesmal wahrscheinlich wegen der Tanzeinlagen. Mein innerer Schweinehund gebot mir, der feinen Manuela wieder einmal auf die Sprünge zu helfen.

Ich glaubte herausgefunden zu haben, in welchen Situationen man ihre hochnäsigen Reaktionen am ehesten erwarten durfte. Diesmal hielt ich ein paar belehrende Worte als kleinen Dämpfer für angebracht und legte los. Ich schloss sie mit der Bemerkung, dass dieser Tanz den Höhepunkt seiner Attraktivität am Ende der Sechziger erreicht hätte und nun auch schon in der DDR angekommen sei. Da blieb Manuela nichts weiter übrig, als über mich zu staunen.

Bedauerlicherweise hatten sich währenddessen meine Gedanken vom rassischen, betörenden Frauenzimmer gelöst und zogen wieder ihre eigenen Kreise. Vor gut zwei Stunden – während hier alles in anonymem Schummer gelegen haben mochte –, hatte es für uns noch ganz anders ausgesehen – unvorstellbar anders. Wohl gerade deshalb wird uns unser Ehrentag noch lange im Gedächtnis bleiben.

„Nun meine Lieben, wie fandet ihr denn unsere Festveranstaltung?", fragte Manuela. Wieder erkannte man einen Unterton, der nach ihrer Meinung wohl sogar etwas Verführerisches hatte. Ihr war anzusehen, dass sie die gewünschte Antwort schon längst formuliert hatte. In solchen Momenten waren auf ihrer schwitzigen Oberlippe die feinen schwarzen Härchen und ein leichtes Beben zu erkennen. Wer genau hinsah, konnte diesen Schwingungen sogar einzelne Laute zuordnen.

„Das Kulturprogramm an sich fand ich gelungen", meldete sich Ingrid, meine Frau. Wenn jemandem das Recht auf ein Urteil zustand, dann auf jeden Fall ihr. Im Gegensatz zu manch anderem „Geehrten" hatte sie interessiert zugehört. Fairer Weise sei aber auch gesagt, dass dies etwas mit meiner Wenigkeit zu tun hatte. Einer der Programmteile war von zwei Laienkünstlern ausgearbeitet worden, die gut mit mir bekannt waren. Und nicht nur das: Ich durfte mich als Akteur auf der Bühne wiederfinden, als Alfred Doolittle, „mit 'nem kleen' Stückchen Glück".

„Gelungen? – also ich weiß nicht", begann Manuela mit der, für sie typischen, Beckmesserei. „Wenn es nach *eurem* Kunst-Geschmack ginge, dann wahrscheinlich schon. Meinetwegen auch noch Haralds Musical-Nummer. Doch ich frage euch allen Ernstes: Muss man uns denn auch noch mit drei Opernsängern, und zum Schluss noch mit den komischen Geigern nerven!?"

„Du meinst wohl das Streichquartett, liebe Manu. Ausgerechnet das war jedoch mit klassischen Pop-Titeln" vertreten", konterte ihr Gatte und grinste ziemlich unverblümt. „Aber leider hast du ja von so etwas nicht die geringste Ahnung, Schatz."

„Hauptsache du hast genügend Ahnung", entgegnete die Gerügte. Sichtlich beleidigt rückte sie mit ihrem Stuhl nach hinten und wäre so beinahe auf der Tanzfläche gelandet.

Die beiden und Ahnung von Kunst! dachte ich leicht amüsiert. Dennoch gab es da einen Unterschied: Jürgen besaß das Talent, sein Halbwissen elegant zu kaschieren. Immer dann, wenn er es irgendwie zu vermarkten suchte.

Welch ein Glück, frohlockte meine innere Stimme, welch ein Glück, dass Manuela einst meinem lieben Kollegen und nicht zufällig mir über den Weg gelaufen war! Sei's drum! Leute wie sie sind keine Ausnahme, selbst nicht unter Pädagogen, den ultimativen Kulturträgern. Bei nicht mal so wenigen von späteren Lehrern bemerkte ich, dass eine frühkindliche musikalische Einflussnahme eine verschwindend geringe Rolle spielte. Was soll's?, riss ich den Gedankenfaden ab und versuchte nun, die gereizte Stimmung wieder ein wenig zu harmonisieren: „Leute, was haltet ihr von etwas Essbarem?"

„Grandiose Idee", erklärte Jürgen, der sich scheinbar um Wiedergutmachung bemühte, „besonders nach diesem ausgesprochenen Fraß im ‚Haus Leipzig'!"

„Eine Unverschämtheit!", ereiferte sich Manuela und zerrte bei der Gelegenheit ihren Stuhl wieder nach vorn. Hatte sie schon auf dieses Stichwort gewartet?

„Während ihr das Essen bestelltet, war ich zu meinem Glück bei einer, sagen wir ruhig, Freundin am Nachbartisch." Ingrid bemerkte dies in einem Ton, als ob sie sich entschuldigen wollte. „Als ich zurückkam, erblickte ich euch in hellster Aufregung. Also mein lieber Harald, sag an, was war bei euch los!"

Ich aber fühlte, dass ich errötete – ähnlich wie manche Vorzeigetomaten zur Frühjahrsmesse. Allein die Gedanken an die gehabten Auseinandersetzungen brachten mein Blut in Wallung. Während ich, unangemessen laut, mit einer Schilderung der Ereignisse begann, richtete ich gleichzeitig einen gespannten Blick auf meine Frau:

„Also, stell dir vor, auf mein Winken kommt der Kellner an unseren Tisch. Und zwar so eilig, als ob er darauf schon gewartet hatte.

Ich zu ihm: ‚Herr Ober, wir hätten liebend gerne eine Kleinigkeit zu essen. Was können Sie uns denn empfehlen?'

Drei Augenpaare, die zunächst erwartungsfroh auf ihn gerichtet sind, erstarren sofort, als er – mit seiner öligen Stimme und selbstsicher lächelnd – verkündet:

‚Ihnen empfehlen – das ist kein so guter Witz. Wir sind heute, ehrlich gesagt, in keinster Weise auf irgendwelches Essen eingerichtet. Der eine Teil unseres Küchenpersonals hat seinen freien Tag und der andere seit geraumer Zeit Dienstschluss.' Er hält dazu den Kopf schief und lächelt maskenhaft.

‚Tut mir leid', pruste ich los, ‚das verstehe ich beim besten Willen nicht. Versteht das vielleicht jemand von euch?'

Bei Manuela und Jürgen ist nur verständnisloses Kopfschütteln zu sehen.

Der Kellner zeigt sich ungerührt.

Nun wieder ich – diesmal mit einem hochgradig verfinsterten Blick: ‚Gehe ich recht in der Annahme, dass diese Veranstaltung irgendwann von uns bei Ihnen bestellt wurde, höchstvermutlich vor längerer Zeit?'

Ober: ‚Das schon, na klar, natürlich – aber nicht mit Essen.' Er trommelt leicht auf die Tischplatte, grient jetzt aber nicht mehr."

Ob dieses Reports zeigt sich Ingrid bestürzt und richtet einen bohrenden Blick auf mich.

Also setze ich die Tirade fort:

„Ihr habt es gehört, meine Lieben', doziert jetzt unser lieber Jürgen. Er war extra dazu aufgestanden. Sein Mund hatte sich im Verlaufe des Disputs schon leicht geöffnet, aber jetzt konnte er nicht länger an sich halten:

,Die Leitung dieses furchtbar reizenden Klubhauses ist scheinbar der Überzeugung, dass die Masse der Lehrer, dieser ohnehin als geizig verschrienen Typen, so bekloppt ist, sogar an ihrem Ehrentag ihre Leberwurschtbemmen bei sich zu führen!' Er fixiert den Kellner, welcher von dieser Verbalattacke völlig überfordert zu sein scheint. Insofern entspricht dessen Antwort voll und ganz der unklaren Lage der Dinge:

,Das entzieht sich meiner Kenntnis, aber ich werde sofort mal den Chef fragen.'

Schon nach kürzester Zeit kehrte der Ober zurück: ,Meine Damen und Herren, ich darf Ihnen mitteilen, dass wir Ihnen ein Stück entgegenkommen möchten. Wir bieten Ihnen zwei Gerichte zur Auswahl an. Leider handelt es sich nur um Konserven- bzw. Tiefkühlkost. Da wäre also zum einen Rindergulasch mit Rotkraut und Klößen, zum anderen Wiener Würstchen auf Toast. Sagen Sie mir bitte Bescheid.'

Ja, meine liebe Ingrid, genauso war das. Wie es weiterging, das haben wir ja, sozusagen dann wieder gemeinsam mit dir, erlebt."

Manuela, die aussah, als wähnte sie sich kurz vor einer Explosion, vermutlich sogar ihrer eigenen, setzte fort:

„Ich schätze mal, dass dieses Frage-und-Antwort-Spiel auch an anderen Tischen stattgefunden hat. Oder!? Bloß mit welchem Ergebnis? Mit dem Ergebnis, dass sich binnen kurzem eigenartige Gerüche breit gemacht hatten. Es waren Gerüche, die sicher nicht nur den Erwartungen *meines* Riechorgans in keiner Weise entsprachen. Kein Wunder, dass einige Gäste Vokabeln wie ‚Massenmord' oder ‚allgemeine Verderbnis' bemühten."

„Nanu, Manu, du läufst ja zur Hochform auf!", bemerkte Jürgen anerkennend.

Sie winkte genervt ab.

Bereitwillig ergänzte ihr Gatte den Schluss der Story, ein Ende, das inzwischen allen bekannt war. Als ob er sich noch ein wenig daran ergötzen wollte, memorierte er folgendermaßen:

„Rührend fand ich auch, in welcher Weise der Restaurantleiter die Schweinerei bedauerte. Die Verfallsdaten der Büchsenware, so sein kurioser Entschuldigungsversuch, seien nicht genügend beachtet worden. Dies wiederum sei mit einem ständigen Wechsel der Mitarbeiter, die ohnehin überwiegend Aushilfskräfte seien, zu erklären. Und geradezu umwerfend fand ich es, dass er uns noch riet, vom weiteren Verzehr seiner eisernen Reserve abzusehen."

„Ist das nicht eine Affenschande!?", empörte sich da nun auch meine Frau. „Was würde denn in einem Ernstfall geschehen? Ich meine, wenn sich zahllose Gäste eine Lebensmittelvergiftung einfingen? Immerhin waren dort an die sechshundert Leute versammelt!"

„So ihr Lieben, Schluss jetzt! Auf der Stelle sollten wir etwas gegen unsere Erinnerungen unternehmen!", zeigte sich Jürgen überzeugt. „Sind wir hier nicht in einer Tanzbar? Genau das hatten wir uns aber doch gewünscht. Also sollten wir tanzen und danach vielleicht direkt an die Bar gehen."

Als wir nach zwei, drei Mixgetränken zurückschlenderten und im Begriff waren, uns auf unsere ominösen Plätze zu begeben, rief eine weibliche Stimme. Überaus gut vernehmbar war sie auf mich gerichtet. „Sind Sie nicht der Herr Lehrer?", trompetete sie, wechselte aber – scheinbar, weil sie über sich selber erschrocken war –, augenblicks ins geflötete Register.

Ich sah sie erstaunt an, vermochte aber bei bestem Willen nicht, sie zu „verorten". Ich erblickte eine Wasserstoff-Blondine, die fassettenreich koloriert und grenzwertig kaloriert war. Zur Hälfte hatte sie mir den Weg verstellt. Vermutlich, um so wirkungsvoller zu entäußern, was die schon verinnerlichten geistigen Getränke immer noch hergaben:

„Schön, dass wir uns endlich mal persönlich kennenlernen. Wissen Sie, dass meine Silvi, die ja bei Ihnen in die fünfte Klasse geht, so was von begeistert von Ihnen ist."

„Das freut mich zu hören", entgegnete ich, doch ohne eine erkennbare Anteilnahme.

„Morgen hat sie übrigens wieder bei Ihnen, in der ersten Stunde", zwitscherte die mütterliche Dame. Inzwischen wurde ihr Gesülze von einem provokanten Unterton überlagert.

Ich missachtete dies und sagte nur: „Wie schön für sie!" Ich war überzeugt, dass ich den Dialog damit endlich hinter mir hätte.

Die Übermutter indes machte keine Anstalten von mir abzulassen. Wie sie so dastand, kam mir eine unserer, damals bekanntesten, Frauenrechtskämpferinnen in den Sinn. Und obwohl mein Gegenüber Herrn Kachelmann vermutlich noch gar nicht kannte – hä, wie jetzt? –, ging sie gleichermaßen von einer fiesen Unterstellung aus:

„Ich kann mir beim besten Willen nicht vorstellen, dass Sie morgen früh schon wieder unterrichten können – also in ihrem jetzigen Zustand!"

Ihr Partner des Abends, der inzwischen mit erhobenen Armen und einem Blick, der durchaus für Entschuldigung warb, herbeigeeilt war, redete auf sie, die angeblich so besorgte Mutter, ein:

„Lass' jetzt bitte mal den Lehrer in Ruhe! Die Pädagogen haben doch heute alle ihren Ehrentag, da darf er wohl auch was trinken!"

„Misch' dich nicht ein, Ronny! Silvi ist nicht *deine* Tochter. Immerhin geht es hier um die Verletzung der Aufsichtspflicht!"

„Ehe Sie sich weiter aufblasen, junge Frau – Lehrer sind wohl Freiwild für Sie?", wollte Jürgen nun wissen. Er hatte sich zu uns gesellt und fixierte feindselig die hitzige Blonde. „Mal so ganz nebenbei: Wo ist denn Ihre Tochter jetzt? Na, wo ist sie, Ihre Silvi?"

„Im Bett natürlich, wie sich's gehört! Was dachten Sie denn!?"

„Ohne Aufsicht!?", wieder Jürgen. „Wenn sie nun aber aus dem Bettchen fällt, während sich ihre Mami in einer Bar rumtreibt!?"

Schweigen – Plötzlich ein erneuter Wortschwall: „Das kann man doch überhaupt nicht vergleichen. So was lasse ich mir auf keinen Fall bieten! Auch nicht von Ihnen! Das hat ein Nachspiel, worauf Sie sich verlassen können!" In meine Richtung giftete sie noch: „Morgen bin ich garantiert bei Ihrem Direktor."

Manuela ging einen Schritt auf die Kindesmutter zu – wohl, um sie in ihrem Vorhaben noch ein wenig zu bestärken: „So was brauchen Sie sich wirklich nicht zu gefallen zu ge*lassen!"

Die Rolle des Informanten übernahm ich am nächsten Tag gleich selbst. Mein Direktor, der von dem Ganzen einigermaßen amüsiert schien, erklärte, dass ihm das Privatleben seiner Kollegen ziemlich egal sei. „Soll die Dame nur kommen!"

Ob sie jemals erschien, entzieht sich meiner Kenntnis. Vielleicht hatte das auch etwas „mit 'nem kleen' Stückchen Glück" zu tun?

Übrigens: Die meisten Akademiker, zum Beispiel Ärzte, Anwälte, Manager… werden von der Öffentlichkeit als hart arbeitende Menschen angesehen. Lehrer fallen eher in die Kategorie der Beamten. Doch unabhängig davon, ob sie tatsächlich welche sind, gelten sie zumindest als noch fauler als diese. Warum wohl? Sehr einfach: Lehrer müssen in den Ferien nichts tun und werden trotzdem besoldet. (Oder – dies aber nur ausnahmsweise – vorübergehend entlassen).

Warum, frage ich mich, glaubt niemand, dass Tagesschausprecher nur fünfzehn Minuten pro Tag arbeiten?

Die süchtig machenden Ärzte

Jeder, der gelegentlich auf einem Hochseil balancierte, verband dies naturgemäß mit einem Wunsch: Ausnahmslos alle mögen gebannt zu ihm nach oben blicken! Hätte er vielleicht heute die Chance, zu einem echten Über-Menschen zu werden?

Während die älteren Semester dabei an die sensationelle Akrobatik der „Stones" zurückdenken, erleben die Teenies schon deren nachfolgende Generation. Beides geschieht im Rahmen der jeweils eigenen Sinnsuche. Auf diese Weise kommen sowohl die Enkel der Alten wie auch die Eltern der Jungen an den „ÄRZTEN" nicht vorbei. Den Alten verschafft dies gewisse Genugtuung: Nunmehr seien sie es also, die sich als Über-Menschen vorkommen dürfen. Logisch, sei doch jene Art von so genannter Musik ohnehin nichts weiter als „typisch für die Jugend von heute".

„Es gibt viele Dinge, die aus der Ferne gesehen schrecklich, unerträglich, ungeheuerlich erscheinen. Nähert man sich ihnen, werden sie menschlich, erträglich, vertraut. Darum ist die Furcht größer als das Übel." (Niccolo Machiavelli)

Gegen Flugangst – das kennt mancher aus eigenem Erleben – hilft am besten das häufige Fliegen. Das ist, ehrlich gesagt, auch die meinige, sozusagen eine ureigene, Erfahrung. Doch halt! Gibt es ähnliche Therapieansätze auch für das Hören von Musik? Sollte man vielleicht alle verdächtig erscheinenden, ja sogar Angst einflößenden Musikveranstaltungen persönlich kennen lernen? Am besten gleich reihum?

Ein Konzert-Bericht meiner, damals sechzehnjährigen, Enkelin könnte helfen, diese Art von Furcht „ein Stück weit" zu vertreiben:

„Es ist der 4. Juli, 9 Uhr. Normalerweise für mich keine Zeit, um in den Ferien aufzustehen, doch heute ist ein besonderer Tag. Am Abend ist das lang erwartete Konzert der geliebten „Ärzte". Dafür steht man schon mal eher auf. So schnell wie möglich packe ich meine Sachen zusammen, wie Portemonnaie, Knick-Lichter (damit man meinen Freund und mich sehen kann, wenn es dunkel wird), Mobiltelefon sowie Fahrkarte und Eintrittskarte.

10 Uhr steht mein Freund vor der Tür, ohne Jacke und Tasche, da das zu viel Anhängsel ist, wenn das Konzert richtig losgeht … In einem sind wir uns einig: Das heutige Konzert wird noch mal eins drauflegen, schließlich findet es am Elbufer statt, dem schönsten Konzertveranstaltungsort weit und breit …

Es ist 12 Uhr 30, als wir vor dem nicht aufgebauten Einlass stehen und, leider wie erwartet, nicht die ersten sind …

Bis zum Einlass, 18 Uhr 30, ist noch eine Menge Zeit, und da wir keine Taschen oder Rucksäcke, also keine Dinge, um sich damit die Zeit zu vertreiben, mithaben, heißt es … sich zu unterhalten oder zu dösen … und den Platz zu verteidigen …

Um ca. 15 Uhr beginnen sie nun, den Durchgang des Elbufers zu sperren … Als endlich alles aufgebaut ist, heißt es rennen. Mein Freund und ich bekommen einen Platz direkt vor der Schranke im ,Einlass-Bogen' und warten nun noch drei Stunden bis zum lang ersehnten Einlass.

Als es endlich so weit ist, … Ticket vorzeigen, Taschenkontrolle. Dann nichts wie los in die erste Reihe … Die Becher sind mit den ,Die Ärzte'-Logos verziert oder mit den Gesichtern der Band, sodass man für das Trinken auch gerne ein wenig mehr Geld ausgibt als sonst …

20 Uhr 15 ist es dann endlich so weit … Jeder singt mit, auch wenn er eigentlich die Luft zum Atmen braucht. Das Konzert wird zum Kampf ums Überleben, das große ,Fan-Sterben' beginnt, was so viel bedeutet, dass massenhaft (weibliche) Fans in Ohnmacht fallen … herausgehoben werden müssen. Ich fange eins der seltenen Plek's und bin glücklich.

3 Uhr endet das Konzert ... Mein Körper ist voller blauer Flecken, ich habe ein wenig Luftnot sowie Übelkeit, aber ich fühle mich gut."

Bildungslotsen gesucht

Davon ausgehend dass jede von ihnen entwicklungsfähig ist: die Einbildung wie die Ausbildung, die Nach-, Fort-, Zurück- und selbst die Schimmelbildung, sollte man dies wohl auch für die Schulbildung annehmen.

So ähnlich wird man wohl in jenem Damen-Septett gedacht haben, das an jedem dritten Montag des Monats hier zusammenkam. Vier von ihnen waren im Vorruhestand angelandet, und die anderen waren schon Rentnerinnen. *Zeit* allerdings, Zeit hatten sie auch jetzt keine übrig. Für sich selber schon gar nicht.

Regelmäßig fanden sie sich im Vereinszimmer der „Grünen Eiche" und dort an ihrem „Lehrerinnen-Stammtisch" zusammen. Sie waren es auch gewesen, die solch ein Novum vor circa zwei Jahren ins Leben gerufen hatten. Um beim Gedankenaustausch ein wenig zu entspannen, wie sie das umschrieben. Eigentlich bekleidete jede von ihnen schon ein Ehrenamt, bei welchem es sich in Wahrheit um einen unbezahlten, sprich *unbezahlbaren* Job als Familienhelferin handelte. So waren sie in ungewisser Weise mit der „Supernanni" vergleichbar.

Da war zum Beispiel Ingrid. Sie hatte zwei fast gleichaltrige Enkel, die ziemlich verschiedene, das heißt verschieden profilierte, Gymnasien besuchten, die sie bisher zum Glück ohne beängstigende Auffälligkeiten absolviert hatten. Alles wäre gut, hätte man meinen können. Wenn da nicht die „blöde" Mathematik gewesen wäre! Die Enkelin hatte nun mal keinen „richtigen Draht" zu einer Materie, die auch viele andere unserer Mitbürger ab und zu den Atem des Unheimlichen spüren ließ. Gott sei Dank gab es ja *ihn* für ebendiese Fälle, ihn, den Förderunterricht. Von Constanzes Mitschülerinnen fanden ihn einige so „geil", dass sie ihn schon seit Beginn ihrer gymnasialen Laufbahn lückenlos genutzt hatten. Mit gespielter Leichtigkeit hielten sie sich – und zwar nur durch ihn – in mehreren Fächern auf einer stabilen Vier.

Für Ingrids allein erziehende Tochter wäre eine zusätzliche monetäre Belastung nicht so ohne weiteres leistbar gewesen. Es passte also ausgesprochen gut, dass die Oma früher Mathelehrerin war und sich gelegentlich – vor allem dann, wenn es Not tat – immer noch wie eine Lehrerin fühlte. Mit ihrem systematischen Bemühen konnte sie ihre eigenen Kenntnisse so auf die Enkelin wirken lassen, dass die im Falle manches Falles die heißgeliebten Punkte erreichte.

Das sei ein ausgesprochener Glücksfall, meinte Sonja, dass man ausgerechnet eine Mathelehrerin zur Oma hatte! „Hier habe ich übrigens meine eigene Meinung", agitierte sie gleich mal wieder. „Was in früheren Zeiten die absolute Ausnahme war, scheint heute an vielen Schulen sogar schon Bestandteil der Planung zu sein. Ein Wunder, dass der *Förderunterricht* noch nicht gleich mit auf dem Stundenplan fixiert ist." Mit triumphierendem Blick schaute sie in die Runde, zog aber leicht erschrocken die Brauen hoch, als Maria die Hand hob. So, als wolle sie ihr die Show stehlen.

Maria machte einen Schritt nach vorn und erklärte: „Ein derart massiver Förderunterricht ist jedoch nicht nur auf eine angeblich zunehmende Verblödung zurückzuführen."

„Sondern worauf?", hakte Sonja giftig nach.

„Er ist vor allem dem krankhafte Bemühen zahlloser Eltern zuzuschreiben, die ihren Nachwuchs um jeden Preis aufs Gymnasium hieven müssen oder auch wollen. Übrigens müsste Euch noch bekannt sein, dass es den Förderunterricht als solchen schon zu Zeiten des Mauerbaus gegeben hat."

„Aber was geschieht mit den zahllosen Kindern, für die ebenfalls eine Extraförderung wichtig wäre, die aber darauf verzichten müssen?", meldet sich Beate. Ihr war anzusehen, dass sie wusste, wovon sie sprach. Als ehemalige Lehrerin für Kunst und Geschichte sähe sie sich keineswegs in der Lage, ihrer Enkelin unter die Arme zu greifen. Mit umso größerer Betrübnis bemerke sie deshalb, wie verbissen und wenig erfolgreich sich die Neuntklässlerin mit ihren sprachlichen Unzulänglichkeiten herumschlüge. Ihr aber, der Oma, fiele dazu nichts Besseres ein, als dem Mädel gut zuzureden. Ab und zu hätte sie es zwar selbst schon mit Hilfestellungen versucht, wäre aber, wenn sie ehrlich sei, meist kläglich gescheitert. Doch auch die effektivste Hilfe sei mitunter ein zweischneidiges Schwert, gab Beate zu bedenken. „Eine Frau aus meinem Haus – bei ihr handelt es sich um eine talentierte, engagierte Förderschullehrerin, die wegen familiärer Veränderungen auf jeden Euro angewiesen ist – berichtete mir von ihrem eigenwilligen Experiment.

Regelmäßig fahre sie quer durch die Stadt, um dann in einem Leipziger Randbezirk tätig zu werden. Dies für einen Neffen, der massive schulische Probleme hat. Allmählich – so ihre doppelte Sicht der Dinge – würde die Aktion zur buchstäblichen *Herzens*-Sache. Sie meint damit nicht nur den kargen Stundensatz, sondern auch die, ohnehin fragwürdige, Höhe der Spritkosten und nicht zuletzt die von ihr aufgewendete Fahrzeit. Das Ganze befände sich inzwischen eindeutig in einem Kosten-Nutzen-*Un*gleichgewicht."

„Die Reihe von Großeltern, Freunden, Nachbarn und Bekannten, die – jeder auf seine Weise – zur Hilfe bereit wären, ließe sich fortsetzen", ergänzte Ulla mit nachdenklicher Miene. „Und besonders deshalb schlage ich vor, dass wir uns, speziell auch heute, dazu Gedanken machen."

„Und was heißt ‚speziell'?", wollte Margot wissen.

„Wen wir für eine wirklich konkrete Hilfe „mit ins Boot" holen sollten", erwiderte Ulla mit leicht überzogener Zuversicht.

„Alles gut und schön", räumte Margot, die die Älteste unter den Anwesenden war, ein. „Mein schlechtes Gewissen sagt mir aber noch etwas ganz Anderes."

Da Margot als die „graue Eminenz" in der Runde angesehen wurde, zeigten die Gesichter nun besonderes Interesse an.

„Nach meiner Meinung gehörte es unbedingt zu unseren Aufgaben, dass wir uns – statt uns dauernd nur mit Hilfen für Lernschwache zu beschäftigen, oder mit dem Kampf gegen das Sitzenbleiben –, verstärkt um echte Nachbarschaftshilfe bemühten. Ich denke an das Thema ‚Jugendarbeit'."

Verständnislose Blicke.

„Nun ja, mir als Internet-Nutzerin stieß neulich ein Beitrag ganz schön sauer auf. Ich habe ihn daraufhin auch für euch ausgedruckt:

MDR am 25. 3. 2010: „Sachsen streicht Mittel für Jugendhilfe zusammen

... Wie die „Sächsische Zeitung" unter Berufung auf das Sozialministerium schreibt, soll der bisher vorgesehene Etat von 15 Millionen Euro um 4,7 Millionen Euro gekürzt werden. Dem Blatt zufolge hat der Freistaat pro Jugendlichen an Kommune und Kreise 14,70 Euro gezahlt, künftig sollen es nur noch 10,40 Euro sein. Die Kürzung begründet der Freistaat mit geringeren Steuereinnahmen. Allein in diesem Jahr fehlten etwa 864 Millionen in Sachsens Kassen.

Da die Gemeinden, Städte und Kreise den Landesbetrag um die gleiche Summe aufgestockt haben, droht die Gesamtsumme für lokale Jugendarbeit spürbar zu sinken. Vielen Jugendklubs, Beratungsstellen, Spielmobilen und weiteren Angeboten könnte das Ende drohen. Einschnitte werden auch beim Freiwilligen Sozialen Jahr, bei der Suchtberatung und in den Verwaltungsstrukturen der Freien Wohlfahrtspflege befürchtet."

Man konnte den Frauen ihre Erregung ansehen. Wer von ihnen hätte sich denn vor zwanzig Jahren vorstellen können, dass die viel beschworene lichte Zukunft ihrer Enkel inzwischen derart von dunklen Wolken verhangen sein könnte? Dass Chancen für die beinahe Chancenlosen immer noch weiter dezimiert werden könnten? Dass es „Bildung für alle" gar nicht mehr geben könnte, weil gerade die Bedürftigsten davon ausgegrenzt würden?

„Leute, es gibt immerhin noch Lichtblicke", machte sich jetzt auch Doris bemerkbar. Dazu erhob sie sich extra aus ihrem Klubsessel und begab sich ans Fenster. Genau wie früher, wenn sie von allen gesehen werden wollte.

Als aber dann im gleichen Moment die Tür aufging und ein kaum zwanzigjähriger Mann hereinschneite, verstummte sie. Der junge Mann, der außer seinem Irrtum noch etwas anderes bemerkt zu haben schien, blieb fasziniert stehen. Zielsicher ging er auf Doris zu und – umarmte sie.

Während alle anderen Damen mit geöffneten Mäulern der kommenden Dinge harrten, verfiel die Begrüßte in freudiges Staunen: „Mensch, Michael, wo kommst denn du jetzt her!"

Der junge Mann versuchte umgehend eine Entschuldigung: „Ich hatte ja nicht die geringste Ahnung, dass ich ausgerechnet Sie hier treffen könnte, Frau Schneider. Wissen Sie noch, dass Sie bis zum Schluss meine Klassenlehrerin waren?"

„Micha, du musst dich nicht entschuldigen. Die hier versammelten Damen sind ehemalige Kolleginnen von mir. Aber das wird dich kaum interessieren – sicher hast du etwas Besseres vor. Trotzdem wäre es schön, wenn wir uns bald einmal wiedersehen könnten, vielleicht schon beim nächsten Klassentreffen."

„Ich denke gern an die Zeit mit Ihnen zurück", sagte der junge Mann im Hinausgehen." Dazu verzog er vielsagend das Gesicht und wendete sich Doris noch einmal zu. „Das Klassentreffen ist eine prima Idee. In Kürze findet übrigens schon unser zweites statt; wozu wir Sie sowieso eingeladen hätten." Daraufhin verließ der Überraschungsgast den Raum.

Doris schaute belustigt hinter ihm her und begab sich wieder zu den anderen Damen. Ihr war klar, dass die jetzt darauf spekulierten, mehr über den Eindringling zu erfahren.

Doris zeigte sich auch sofort bereit, ihnen diesen Gefallen zu tun:

„Micha war ein Sonderfall. Als er in meine Klasse kam, war er um ein Jahr überaltert und litt an ADHS, sozusagen einer psychischen Modeerscheinung. Bei ihm war sie allerdings noch an eine Lese-Rechtschreib-Schwäche gekoppelt. Das führte eines Tages so weit, dass der ständig unkonzentrierte, ohnehin schnell aufbrausende Junge, der er nun mal war, jedes greifbare seiner Lehrbücher in Stücke riss.

Da kam mir glücklicherweise eine, scheinbar simple, pädagogische Regel in Erinnerung. Sie besagt, dass man mit der gleichen Konsequenz sowohl Grenzen setzen als auch Freiheiten geben müsse. Das brachte mich zu noch genauerem Nachdenken über den Fall.

Aber ich möchte euch nicht langweilen, nur noch so viel: Mit einigem Stolz kann ich feststellen, dass mir – natürlich über mehrere Schuljahre hinweg – etwas Erfreuliches, ja Erfolgreiches gelungen ist. In mühevoller Kleinarbeit, wie mitunter so schön gesagt wird, konnte ich Michaels erstaunliche Fantasie in manuelle Kreativität ummünzen. Zum Glück hatte ich dazu die erforderlichen Mitstreiter – sowohl im eigenen Kollegium wie auch in der zuständigen Förderschullehrerin. Und nicht zuletzt im behandelnden Therapeuten. Auf die Weise konnte ein Schüler, der anfangs wegen seiner Besonderheiten stigmatisiert wurde, letzten Endes noch einen normalen Schulabschluss erreichen."

„Eine sehr erfreuliche Bilanz für dich, liebe Doris", bemerkte nun Maria, die dem kleinen Report außerordentlich gespannt gelauscht hatte. „Aber du sagtest gerade etwas von einer zuständigen Förderschullehrerin. Das kann doch dann noch gar nicht so lange her sein. Seit wann gab es die denn und wie muss man die sich vorstellen? Ich selbst bin nie damit in Berührung gekommen. Aber eigentlich wolltest du uns ja etwas über neue Lichtblicke erzählen?"

„Oh natürlich, verzeiht mir! Ich habe sogar ein Topangebot für euch. Aber vielleicht doch erst noch ein paar Bemerkungen zu den so genannten Integrationslehrern. Nicht alle Schüler, bei denen ein erhöhter Förderbedarf diagnostiziert wurde, gingen daraufhin in eine Förderschule. Viele von ihnen verblieben an ihren Heimatschulen und wurden dort, wenn sie Glück hatten, von Förderschullehrern, den so genannten Integrationslehrern, zusätzlich betreut.

Nun zu meinem Topangebot: Wie ihr vielleicht schon zur Kenntnis genommen habt, sollen künftig lernschwache Schüler eine gezielte Unterstützung erhalten – und vor allem Ermutigung."

„Was für eine sensationelle Erkenntnis!", gab Maria zurück, „deine viel gerühmte, schon über ganz Deutschland verbreitete, Ganztagsschule ist eben doch nur ein frommer Wunsch."

Ingrid erweckte den Eindruck, als sei sie ebenfalls genervt: „Wenn ich richtig liege, dann sieht man die Ganztagsschule als den optimalen Ort an, an welchem die betreffenden Schülerinnen und Schüler mit mehr Zeit, deutlich besseren Angeboten sowie mit geeigneten Fachkräften gleichermaßen gefördert, gefordert und betreut werden könnten."

„Ganz richtig: *könnten*!", deklamierte Sonja. „Leider sind derzeit aber noch viele Hürden zu überwinden. Ich erinnere mich, dass ich, als ich schon acht Jahre als Lehrerin tätig war, im Westfernsehen mitkriegte, dass ein so genannter Deutscher Bildungsrat empfahl, den Anteil der Ganztagsschulen auf 30 % zu steigern. Wie auch schon damals üblich, scheiterte das Vorhaben an den Finanzen. Und daran – auch damals schon –, dass die Bildungshoheit in den Händen der einzelnen Bundesländer lag."

KMK 2006: „Heute, fast vierzig Jahre später, gehört Deutschland unter den Industrienationen zu den wenigen Ländern, in denen die Grundschulzeit im Durchschnitt nicht einmal bis zum Mittag reicht."

„Meine lieben Mitstreiterinnen, regt euch wieder ab, ich meine doch gar nicht die Ganztagsschule!", versuchte Doris die Wogen wieder zu glätten. „Mein Topangebot betrifft vielmehr ein, sogar für euch mögliches, ‚zweites Standbein'."

Schon wieder machten unverständliche Blicke die Runde. Weil Doris keine Kunstpause entstehen lassen wollte, agitierte sie sofort weiter: „Wiewohl schon zwei von euch ihre Karriere mit einem pädagogischen

Ehrentitel schmücken durften, besteht diese Möglichkeit nunmehr für uns alle.

„Entschuldige, du hast jetzt nicht zufällig einen Aussetzer? Und dein ehemaliger Schüler hat nicht eine gewisse Verwirrtheit bei dir ausgelöst?", fragte Maria, indem sie Doris dabei argwöhnisch ansah.

„Du kannst wieder runterkommen", konterte die Gefragte pikiert und fügte hinzu: „Ich nenne euch einfach mal den Begriff ‚Bildungslotsen'. Wer kann sich darunter schon etwas vorstellen?"

„Wie lange willst du uns mit deinem Topangebot noch auf die Folter spannen?", wollte Sonja wissen. Womit nun auch sie zu erkennen gab, dass ihr das Ganze reichlich auf die Nerven ging.

„Also, meine Lieben, natürlich bringe ich euch die Auflösung", verkündete Doris mit ihrem besänftigenden Lächeln. Die besagten „Bildungslotsen sind – was ihr Name ja andeutet – einsatzfreudige Personen, die bedürftige Jugendliche auf ihrem Weg, hin zu einer möglichst guten Bildung, begleiten. Gleichsam kompetente Alte, die selbst jung geblieben und davon überzeugt sind, dass Bildung unabdingbar für die Entwicklung einer Persönlichkeit ist."

„Fehlten also nur noch die Uniformen", warf Sonja ein.

„Wie bitte?", wunderte sich Doris. Auch die anderen schauten ziemlich verdutzt.

„Möchte unsere Kollegin Heil vielleicht wieder einmal ihre Sicht der Dinge auf die Spitze treiben?" Maria, die dies gesagt hatte, bohrte gleich noch weiter: „Vielleicht denkt die verehrte Kollegin – nicht wegen ihres Namens, sondern aus Überzeugung – an Heilsbringer, die auch schon unseren Vorfahren als Lotsen dienen wollten. Hab ich recht, Sonja?"

Die Angesprochene griente breit und entgegnete: „Also Moment mal, die Hände eines Wunderheilers habe ich bestimmt nicht, und dass uns jemand das Bildungs-Heil bringen könnte, glaube ich erst recht nicht. Schon eher vorstellbar wäre mir, dass unser Vorhaben von manchen Spöttern auf eine Stufe mit der *Heils*armee gestellt werden könnte."

„Wir und die Heilsarmee!", kicherte Ingrid. Indem sie ihre Arme dazu über der Brust verschränkte, deutete sie an, dass ihr zum Nachlegen zumute war: „Gehe ich recht in der Annahme, dass wir dann Offizierinnen der Heilsarmee wären?" Da ihr niemand antwortete, setzte sie fort: „Also dafür wären Leute wie wir doch am allerwenigsten geeignet."

„Da du dich ja in diesem Milieu auszukennen scheinst, lass uns doch an deiner Gelehrtheit teilhaben!", bedeutete ihr jetzt Maria, dazu mit forschem Blick.

Ingrid tat, wie gewünscht, während sie sich dazu auf der Lehne eines, ihr nahe stehenden, Klubsessels niederließ. Sie erläuterte ihren Kolleginnen, jenen kaum vorstellbaren Anwärterinnen auf einen Lotsenschein, warum Doris' glorreiche Idee für sie persönlich nichts als Schall und Rauch sein konnte. „Uniformierte Mitglieder – damit sind speziell die Soldaten und Offiziere der Heilsarmee gemeint – verpflichten sich zu einem Leben ohne Alkohol, Tabak und Pornographie."

Die geflüsterten Kommentare ließen nicht klar erkennen, wer von ihnen sich nun für mehr, weniger oder gar nicht geeignet hielt.

Übrigens war Doris nicht die Einzige, die bekümmert dreinschaute. Schließlich zog sie ihren Mantel an und wünschte immerhin noch einen schönen Abend.

Frau Anne(s) Will(e)

„Die Posse vieler Arbeitsamen. – Sie erkämpfen durch ein Übermaß an Anstrengung sich freie Zeit und wissen nachher nichts damit anzufangen, als die Stunden abzuzählen, bis sie abgelaufen sind." (Friedrich Nietzsche)

Ganz andere Kaliber sind dagegen die Schulmeister. Nicht etwa, dass sie nicht zu den gefühlten Arbeitsamen gehörten, Gott bewahre! Doch genau in dem Augenblick, wenn aus einem *passionierten* Lehrer ein *pensionierter* geworden ist, unterscheidet er sich von so manch anderem Rentner gewaltig. Er, der die Langeweile ja noch nicht einmal kennt, würde niemals über welche verfügen.

Inzwischen ist es zu einer – mit Verlaub – echten Bedrohung geworden, dass sich die Rentner unablässig vermehren. Doch gibt es auch unter ihnen ein paar Vernünftigere. Das sind die, welche ihr bisschen Lebenszeit noch „ein Stück weit" zu verkürzen trachten. Nicht, dass sie selbst Hand an sich legten. Das nun gerade nicht. Dennoch haben sie keinen Plan für den richtigen Umgang mit ihrem Problem. Völlig genervt greifen sie letzten Endes zur Droge. Aber nicht zu einer x-beliebigen. Sie muss vor allem preisgünstig, aber auch Tag und Nacht verfügbar sein. Also versorgen sie sich mit dem *Fernsehen*.

Bei dem Gedanken an nutzlose *Zeit* erinnere ich mich manchmal an diejenige, die ich bei der Armee des Volkes hinter mich bringen durfte. Was ich dabei Sensationelles feststellte, war folgendes: Nicht ich, sondern sie hatte *gedient*. Jawohl Genossen, die Zeit hatte mir gedient – zum Totschlagen. „Hurra, wir verblöden und uns bezahlt der Staat..."

Dieser Gassenhauer wurde von uns Rekruten anlässlich unserer so genannten Grundausbildung Tag für Tag gegrölt. Derartige operative Einsätze passierten natürlich nicht ohne Abwägung des damit verbundenen Risikos. Immerhin gab es Vorgesetzte, die bei diesen, jedes Mal besonders hallenden, Soldarisierungsbemühungen keinesfalls hätten zugegen sein dürfen. Speziell in meiner Kompanie war das Singen jedweder Lieder verpönt. Vermutlich sah man in der Kollektiv bildenden Wirkung des Gesangs eine latente Gefahr.

Glücklicherweise ist eine Kaserne nur *beschränkt* eine Anstalt, wie ja auch das Fernsehen nur unter Umständen zu einer Bedürfnisanstalt wird. Man mutmaßt, dass das Fernsehen – selbst noch nach Entrichtung der Eintrittsgebühren – nur zum Teil öffentlich ist. Und rechtlich erst recht.

Ist dies vielleicht der wahre Grund, weshalb neben Frau Anne auch alle anderen – egal, ob sie Wirtschaft, Politik, Journalismus, Unkultur oder Schule repräsentieren – glauben, dass sie ihre fauligen Eier überallhin legen dürften? Und wie sehr ist die Wahrnehmbarkeit der gelaberten Allgemeinplätze vom Ehrgeiz der Moderatorin abhängig? Also von Anne(s) Will(en)?

Manche besonders ungewisse Prophezeiungen besagen, dass bei jedwedem Bildungsthema auch das Niveau medialer Qualifizierungsversuche stiege. Das war für mich der Grund, warum ich bei der provokanten Fragestellung „Ist unsere Jugend zu blöd?" engagiert mitfiebern wollte.

Ginge es doch hier, so meine Hoffnung, nicht bloß um billigen Zeitvertreib, vielmehr um eine gesellschaftlich relevante Sitzung, die ich, noch dazu im Kreise meiner Lieben, erleben würde. Ich war zuversichtlich, dass uns diesmal, zusätzlich zum Fernseher, besonders ein gleißender Hoffnungsstrahl als Lichtquelle dienen würde. Schaffte es diese Sendung vielleicht, meinem schwindenden Glauben an die Reformfähigkeit des deutschen Bildungswesens neue Stärke zu verleihen?

Der erste Gast, der seinen Hut in den Ring warf, machte einen hoch motivierten Eindruck auf mich und kam sofort zur Sache. Ungewöhnlich kurz verwies er auf seinen Status als jahrzehntelanger Meinungsbildner im Metier des Journalismus. Augenblicklich kam es mir vor, als befände ich mich auf gleicher Welle mit ihm. In überzeugender Manier erläuterte er, warum es der heutigen Spaßpädagogik geschuldet sei, dass

sowohl die Grammatik wie die Interpunktion, aber auch die Allgemein-
bildung früher viel besser waren.

Eine ehemalige Lehrerin – sie gehörte derzeit dem Hamburger Bil-
dungssenat an – gab daraufhin zu bedenken, dass heute besonderer
Wert auf den Umgang mit Informationstechnologie gelegt werden
müsse. (Da fühlte ich deutlich, dass ich ihr zustimmte).

Der Journalistenmacher räumte ungeniert ein, dass so ein Computer
auch ungeheure Potentiale böte, beispielsweise die Chance sich zu
informieren. Gleichzeitig aber betonte er, dass selbiger dennoch überwiegend als Zeitfresser genutzt werde und so eine dringend nötige
Konzentration regelrecht verhindere. Was also seine speziellen Möglichkeiten, Kinder zu bilden anginge, sei er doch eher ein schreckliches
Ereignis. Dann ließ der Meister die Katze ganz aus dem Sack, indem er
davon schwärmte, wie viel Segen man doch mit gewissem *Leistungsdruck*
auszugießen vermag.

Meine anfängliche Begeisterung für den gewandten Rhetoriker
schwand besonders in dem Moment dahin, als ich mich erschrocken auf
die Ausgangsfrage besann. Deshalb schob ich heimlich noch eine zweite
Frage nach: Woher, ihr Experten, kommt eigentlich jene Jugend, um die
es hier geht?

Dem Nächsten in der Runde war wichtig festzuhalten, dass ihm so ein
Druck, wie ihn sein Vorredner beschrieben hatte, ganz und gar nicht
genehm sei. In seinem speziellen Ehrenamt habe er es – er, der normalerweise Betriebsratschef eines *mobilen* Unternehmens sei – ausschließlich mit problembehafteten Jugendlichen zu tun. Und bei denen sei eine
völlig andere Druck-Strategie hilfreich.

„Du musst unten Druck machen", so seine Überzeugung, „damit oben
was rauskommt!" „Das Leben ist nämlich nicht weich, sondern hart." In
seinem Stimmungshoch kam er dann noch auf seinen Erfahrungsschatz
als Hobby-Gärtner zu sprechen: „Wenn du zwei faule Äpfel hast, sägste
auch nicht gleich den ganzen Baum um." Und um sicherzustellen, dass
er in seiner hohen Position – zumal als einstiger Hauptschüler – keines-

wegs den Bezug zur Praxis verloren hatte, gab er noch zu wissen kund, dass es außer dem Leistungsdruck auch noch den Öldruck gäbe. Und den Reifendruck.

Stark verunsichert meldete sich plötzlich mein *Bauchgefühl* und kündigte eine fragwürdige Frage an: Siehst du vielleicht den falschen Film?

Zum Glück für alle, die immer noch interessiert waren, fand der Nächste zur Ausgangsfährte zurück. Es seien vor allem Leistungsbereitschaft, Belastbarkeit und Disziplin, an denen es, laut DIHK-Umfrage, unseren Jugendlichen mangele. Als ausgewiesener Experte jener Branche äußerte er sich dann entsprechend: „Nicht zufällig registrieren wir zeitgleich mit einer schwindenden Zahl von Lehrstellenanwärtern eine wachsende Zahl von Bewerbern für ‚Deutschland sucht den Superstar‘.‟

Wie leuchteten da die Augen einer prominenten VIVA-Moderatorin, die sich gleichfalls unter den Gästen befand. Sowohl ihr überschäumendes Selbstbewusstsein wie auch ihre verbalen Ergüsse sorgten leider dafür, dass die anfängliche Frage immer mehr ins Abseits gedrängt wurde. Eine überzeugende Antwort darauf, ob es denn tatsächlich die *Jugend* sei, die angeblich zu blöd ist, drohte somit nicht mehr im Bereich des Möglichen zu liegen.

Weil ihr Vorredner die Befürchtung geäußert hatte, dass eine große Anzahl Jugendlicher die Bewerbung für DSDS neuerdings sogar als den bequemeren Weg ansehe – allerdings hätten sie damit eine Chance von weniger als 0,0003% (Nullkommadrei Promille) –, konterte die VIVA-Frau, dass es doch der Wahnsinn sei, was Jugendliche in Castingshows alles so durchzustehen hätten. „Wer da ohne Fleiß, Ehrgeiz und Talent hingeht, schafft es nicht.‟

So ist nun mal das Leben, dachte ich. Aber das war mir auch schon vor der Sendung bekannt.

Wieder war ich naiv genug gewesen und glaubte, dass ich beim Thema „Im Westen nichts Neues‟ doch etwas Neues erfahren würde. Zum Beispiel, *ob* und wenn ja, *warum* die Jugend zu blöd ist. Besteht der Sinn solcher Shows vielleicht darin, dem Gebührenzahler zu demonstrieren, wofür sein Geld tatsächlich ausgegeben wird. Zum Glück wissen noch nicht alle Zuseher, dass unsere Top-Moderatoren für eine einzige Sendeminute fast den gleichen Betrag erhalten, wie ein Hartz-IV-Empfänger für ein ganzes Jahr.

War das Ganze wertlos? Wertlos nur in den Augen von Leuten wie mir? Ist das Ganze später noch einmal zu gebrauchen? Falls die Jugend noch blöder werden sollte, als es ihre derzeitigen Vorbilder schon sind? Sollte man solch eine Sendung im Schulmuseum ausstellen? Dann könnten sich künftige Betrachter ein Bild davon machen, mit wie viel Verantwortung sie als „Generation Blöd" durch ihr Leben begleitet wurden. Aber bitte ohne Schwarz-Weiß-Malerei! Von wegen „Damals herrschten wenigstens noch Disziplin und Ordnung!" Möchten Sie denn Zeiten zurück, in denen die Schüler noch Angst vor ihren Lehrern hatten? Dann schon eher umgekehrt. – Oder?

Neben Sendungen, die der Untersuchung einer angeblichen Verblödung gewidmet sind, gibt es ja auch solche, die die Fitness im Oberstübchen testen wollen. Wie das Wochenmagazin „prisma" verriet, werde es noch vor dem eigentlichen Sendungsbeginn von Deutschlands größtem Gedächtnistest einen echten Glücksfall geben:

„Gottlob brauchen Fernsehzuschauer ihren Kopf dafür nicht öffentlich hinhalten … Daheim sollen alle mitdenken können und am Ende schlauer sein, wie es um den Kopf bestellt ist."

Blieb also nur noch zu hoffen, dass ein solcher Glücksfall nicht zum Unglücks-Fall würde!

Die Elite der Behinderten

Gehört die Bereitschaft sich aufzuopfern zum Beruf des Lehrers dazu? Hat dies auch eine höhere Wertschätzung zur Folge? Nun, sagen wir so: Deswegen beargwöhnt werden die betreffenden Lehrergestalten mit Sicherheit. „Was die so alles macht! Muss die eine Zeit haben! Das würde ich mir niemals antun – nicht mal fürs doppelte Geld."

Wie passt eine derartige Meinung – mag sie auch nur als ein Selbstschutz zu verstehen sein – zum Mythos vom Lehrer als „Fußabtreter der Nation"? Welchen Wert hat eigentlich die Behauptung, weibliche Mitarbeiter zeigten stärkeres soziales Engagement als männliche?

„Naja, weil sie oft weder Mann noch Kind haben. Und wenn doch, dann meist recht fragwürdige Gestalten."

All das Gerede trifft auf den folgenden Fall in keiner Weise zu. Daher drängte es mich umso mehr zu erfahren, warum bei ihr der Laden klappt – ausgerechnet in Musik.

Während ich mir also Gedanken über eine Kontaktaufnahme zu ihr machte, legte meine Frau die jüngste Nummer der „Apotheken-Umschau" auf den Tisch und direkt vor meine Nase. Sie wusste, dass ich mich sofort auf mein Lieblingsrätsel stürzen würde. Genauso geschah es. Nach der ersten Erleuchtung begann ich siegesgewiss mit 4 senkrecht. Mitleidlos hieß es dort: „Ausgehöhltes Palindrom von Moses' Bruder; Drama von Ibsen".

Als versierter Löser hatte ich nach kürzester Zeit herausgefunden, was die Rätselmacher meinten. Gleichzeitig durchzuckte es mich: War denn dies nicht der Name jener Dame, die ich seit Tagen anrufen wollte, den ich jedoch wieder vergessen hatte? Um mit ihr in Kontakt treten zu können, musste man ohnehin ziemliches Glück haben. Ganz selten hatte sie Leerlauf in ihrem Tagespensum. Den lockeren Vergleich, den ich mir mit jener bekannten Forelle und dem vorüber schießenden Pfeil erlaubt hätte, nehme sie mir keineswegs übel, sagte sie später einmal.

Doch ich hatte Glück: Schon nach wenigen Versuchen klappte es mit unserem Treffen. „Insofern haben Sie Recht. Immer, wenn ich mit meinen Leuten etwas mache, fühle ich mich wie ein Fisch im Wasser", gestand sie auf die Frage, wie sie ihre vielfältige Belastung denn verkrafte.

Ich hatte mich mehrfach davon überzeugen können, wie es ihr immer wieder gelang, sich Events auszudenken, die eine solche Bezeichnung rechtfertigten. Zumal sie diese ausgerechnet mit Kindern und Jugendlichen aus Förderschulen in Szene setzte.

Die eigentlichen Mühen – das sei ihre Erfahrung – begönnen dann, wenn sie die geeigneten Mitspieler auswählte und dabei versuchte, deren Kräfte zu bündeln. Wie sich denken ließe, handele es sich keineswegs nur um exklusive Bewerber.

„Als nächstes geht es mir um die erforderlichen Zutaten – die meisten davon besorge ich selbst. Mir ist daran gelegen, nicht allzu viel Zeit verstreichen zu lassen, bis ich alles auf die Bühne bringen kann. Das Ganze funktionierte allerdings nicht ohne eine Schulleitung, die voll hinter mir steht", zeigte sie sich überzeugt.

Mir fallen sofort gegenteilige Beispiele aus meiner eigenen Praxis ein. Ohne Überleitung nehme ich darauf Bezug: „Vor meinem geistigen Auge schwebt dazu folgende Frage: Wie beeinträchtigen die verschiedenartigen Kulturbedürfnisse diverser Vorgesetzter Ihre Initiativen? Dienen sie der Sache oder wirken sie manchmal sogar hemmend? Und um noch ein wenig im Bild zu bleiben: Hat Ihr musikalischer Kosmos, den ich gerne mit einem Aquarium vergleichen würde, immer gut temperiertes, sauberes Wasser?"

Belustigt schaut mich das Palindrom an und erklärt: „Neben den inhaltlichen, organisatorischen und musikalischen Voraussetzungen ist eine wohltemperierte Stimmung das A und O unserer Ensemblearbeit. Und weil sie keineswegs nur von Erfolgserlebnissen geziert ist, hängt viel von einem optimalen soziales Verhalten aller Mitglieder ab. Wie in wenigen vergleichbaren Fällen, meinetwegen im Sport, werden einige

Willensqualitäten geradezu herausgefordert. Zusätzlich zum hohen persönlichen Einsatz müssen wir uns auferlegen, manche Freiheiten, die für andere Schüler selbstverständlich sind, auf ein Mindestmaß zu beschränken."

Während sich Ibsens Rätsel-Figur in Hochform redete, kam sie plötzlich auf *gewisse Projekte* zu sprechen. Unter der Federführung des Balletts der Oper sei es ihnen, erst kürzlich wieder, vergönnt gewesen, ihren Beitrag zu einer sehr erfolgreichen Aufführung zu leisten. Vor einem Publikum, das im vollbesetzten Opernhaus aus lauter Schülern bestand. Aus lauter disziplinierten Schülern.

„Ich habe das Privileg, dass ich mit meinen Leuten auch gelegentlich hinter die Kulissen darf. Mitunter erscheinen einzelne Musiker des Gewandhausorchesters extra eher zur Probe, um uns vorher noch unsere Fragen zu beantworten. Fragen, die sie selbst betreffen oder ihr Instrument."

„Stimmt das eigentlich", unterbrach ich sie, „dass Sie mit den Schülern – man könnte sagen, traditionell – Fahrten zu exklusiven Zielen unternehmen? Mit der Abschlussklasse jedes Jahr sogar nach Wien?"

Sie nickte.

„Sind die Schüler denn finanziell dazu in der Lage?" Ich war mir nicht sicher, ob es vielleicht an der Lampe lag, dass sich ihre Gesichtsfarbe ein wenig veränderte. Jedenfalls erklärte sie:

„Das Zauberwort heißt ,Sponsoring', und es löst nicht die geringste Erschütterung bei mir aus. Warum sollten ausgerechnet die *Schulen* – im Gegensatz zu Hinz und Kunz – nicht ebenfalls in den Genuss dieser tollen Mode kommen? Die Sponsoren übernehmen zum Beispiel auch die Hälfte der Gebühren, die von den Bedürftigen unter unseren Instrumentalisten an die Musikschule zu entrichten sind."

„Das klingt ja, als wandelten Sie mit Ihren Jüngern auf einer Insel der Seligen. Sind Sie denn nicht in erster Linie Lehrerin?", möchte ich wissen. Weil ich zumindest eine leichte Verlegenheit erwartet hatte, war ich nun umso überraschter. Die Umtriebige, die diese Frage schon erwartet hatte, erwiderte:

„Im Unterricht bemühe ich mich, die jeweilige Klassensituation im Auge zu haben. Das bedeutet für mich, dass ich mich bemühe, die vorgegebenen Lerninhalte immer mit den jeweils geplanten Programmen zu verknüpfen. Die sind mitunter von Theaterprojekten abgeleitet oder auch schon mal direkt in das eine oder andere einbezogen. Die dafür dringend notwendige Unterstützung erhalten wir von Theaterpädagogen der Oper und – wie ich gerade erwähnte – von erfahrenen Ballettkünstlern."

Weil ich mich darüber verwundert zeige, bringt sie sich in Stellung:

„Natürlich habe ich mein Tun am Lehrplan auszurichten. Doch ich denke, dass sowohl das Erleben und Verstehen von Musik wie auch die Begeisterung dafür nicht vom buchstabengetreuen Umsetzen der Papierform abhängen. Deshalb verstehe ich den Plan als eine Art Leitfaden. Wie ich hörte, soll es immer noch Lehrer geben, die das Fach ohne die erforderliche Ausbildung unterrichten."

„Mit Erfolg?", frage ich ungläubig.

„Was heißt Erfolg? Ist Erfolg in unserem Beruf tatsächlich so leicht erkennbar – womöglich messbar? In dieser Hinsicht verhält es sich doch eher wie mit einem Streichholz."

Es war wohl meine leicht bedepperte Miene, die Ibsens Protagonistin zur Auflösung jenes *brennenden* Problems zwang:

„Schauen Sie, auch unter den zahllosen Zündhölzern gibt es welche, die ihren Namen vergebens tragen. Obwohl sie doch nie für etwas anderes gedacht waren. Aber es gibt auch solche, mit denen zwar keiner mehr wirklich gerechnet hatte, die jedoch nach mehreren Fehlversuchen irgendwann doch noch aufflammen. Die Spätzünder eben. Die eigentlichen Ausnahmen sind allerdings solche, die nicht einmal einer Reibefläche bedürfen."

Ein Auge zusammengekniffen und den Kopf leicht schief, wende ich mich ihr zu, um dann zu vernehmen:

„Sie bedürfen nur eines Blickkontakts, und schon sind sie entflammt."

Emaillierte Infos

Von Hausnummern und Verkehrsschildern, aber auch von Ofenrohren und Toilettenschildern, erwartet man, dass sie immer gut aussehen. Und falls sie vorhätten, sich gelegentlich auch draußen aufzuhalten, dann sollten sie außerdem wetterfest sein. Das ist der Grund, weshalb für sie die *Emaille* zum Thema wird und schließlich mit sich selbst *überzieht*. In ganz anderen Fällen indes genügte schon eine *bare Schein*Überziehung, um sie in neuem Licht erglänzen zu lassen.

Während sich die Rohrpost allmählich beinahe abschaffte, wurde aus der Emaille mehr und mehr die E-Mail. Dagegen wurden Mikrowelle und Toilettenschild nur äußerst selten zu richtigen *Hausnummern*. Doch selbst aus deren Richtung gibt es noch manche *Info*. Wenn gerade das Papier alle ist. Dann wird aus der Info ein Notruf, wobei das Ganze unverhohlen nasal geschieht.

Während meiner Zeit im Krankenhaus erreichten mich eines Tages ein paar Zeilen von meinem Vater. Darin wurde mir, als einstigem Dörfler, klar, wie sehr ich des Landlebens schon entwöhnt war.
Lieber Sohn!
Mit diesen Zeilen erhellst du eine Wurst. Endschuldige die Rechtschreibung, denn du bist ja Leerer. Werst Du doch blos auf den Dorf geblieben, hetest Du viehleicht Becker gelernt und nu nich die schlimme Grankheit.
Forige Woche haben wir unsere Sau geschlachded. Jetz is Herbst und wir müssen Gardoffel schdobeln. Lass die Wurst schmeggen und werd bald gesund!
Deine lieben Eltern

Im zwanzigsten Jahr nach der friedlichen Revolution – es war nicht zufällig an meinem Geburtstag – schaute meine Frau verschmitzt zu mir und wies dabei auf den Rechner. „Eine E-Mail für dich. Sie ist von Georg", sagte sie.

„hi opa, ich wollt dir nur alles gute zum gebtag wünschn, viel glück freude spaß usw. sry das ich net zu der feier kommen kann, ch bin ja noch leider beiner lan vonnem freund. wir sehn uns dann hofentlich trotzdem bald ma, schöne grüße von und für alle (aus dresden^^) bb hdl, georg
  ps: hab noch ein jahr bis zum abi und steh soweit ganz gut

Und dann bekam ich noch eine SMS, diesmal von der Enkelin:
  „Hey Opi, happy bday! Alles gute u viel gesundht. Hoff alles io bei dia und hast heut ne schöne partä. Hab noch kp wann ich genau bei euch da bin, aba beeil mich! Lg @ all! Ur Enkelin"

Integration

Bei diesem Reizwort reflexartig an Thilo Sarrazin zu denken, hieße ja dann wohl auch, dass man mit einem Zirkus immer den „Sarassani" meinte. Beides wäre zu schlicht. Schließlich handelt es sich bei der Integration um einen dynamischen Prozess, der „was zusammengehört", zum guten Schluss auch zusammenkommen lässt.

Zu meiner Zeit war es ein Privileg, *Mittelschüler* zu sein. Dann erst recht, wenn in der Klasse niemand für die EOS nominiert worden war. Was einst wie ein Monopol anmutete, ist heute zu einem bedauernswerten Umstand geworden. Noch dazu flächendeckend. Wie ist das zu verstehen?

Für viele Ausbildungsberufe reicht der Realschulabschluss nicht mehr aus. Allerdings die Zahl derer, die den erforderlichen, einen höheren Abschluss besitzen, gleichfalls nicht.

Nun soll es unter den zahlreichen Ewig-Gestrigen einige Exemplare geben, die dazu ihre Vergleiche anstellten. Selbstredend nur in den ihnen genehmen Fächern, immerhin aber zwischen dem Niveau der damaligen Mittleren Reife und dem des heutigen Abiturs.

Da fragt man sich doch, ob es in Zeiten von E-Mail und SMS nicht ausreicht, dass es in der Schule nach wie vor die verschiedensten Fächer gibt. Ist es wirklich wichtig, dass man diese geheimnisumwitterte Rechtschreibung und die allseits unsympathische Grammatik sogar persönlich kennt? Mal im Ernst: Wie groß ist die Wahrscheinlichkeit, dass irgendein Discounter ausgerechnet dann einen Stromausfall erleidet, wenn man zufällig selbst an der Kasse steht? Und wie sehr vermutbar ist es, dass die Kassiererin dann den zu zahlenden Betrag in ihrem eigenen Kopf ermitteln müsste und womöglich könnte. Also was soll's?

Während eine sich ständig vergrößernde Elternschaft, (die sich aus einem ständig kleiner werdenden echten Bildungsbürgertum rekrutiert), zahllose Förderstunden und günstige Plätze an Privatschulen finanziert, kämpft sie heldenhaft dagegen an, dass ihre Aufzucht ins Prekariat abgleitet. Doch zum Glück gibt es ja auch noch *sie*. Um *sie* aber nicht ganz und gar bloßzustellen, gaukelt man ihnen ihre vermeintliche Wichtigkeit einfach vor.

Eines besonderen Tages war es so weit, dass man sie bedenkenlos *Haupt*schüler nannte. Noch heute wird dafür ihr wirklicher Status entweder modifiziert oder einfach nur geschönt. Auf diese Weise – das jedenfalls glaubt mancher tatsächlich – würden sie *integriert*.

In Sachsen zum Beispiel ordnete man sie voller Elan einer Realschulklasse derselben Jahrgangsstufe zu. Darin gehörten sie zu einer – so bezeichneten – Hauptschul*gruppe* und erhielten in den so genannten Hauptfächern einen separaten Unterricht.

Durch diesen großmeisterlichen Schachzug verfügt eine völlig neue Schullandschaft über ein noch differenzierteres System staatlicher Schulformen als bisher:
über Hauptschulen mit echtem Hauptschulniveau;
über Realschulen mit erhofftem Realschulniveau;
über Realschulen mit angenähertem Niveau (darunter versteht man die Koexistenz von Realschulklassen, Realschulklassen mit integrierter Hauptschulgruppe und reinen Hauptschulklassen);
über Gymnasien mit gefühltem gymnasialen Niveau;
schließlich über Gymnasien mit einem durch Zwangsgymnasierung nicht vorhersehbaren Niveau.

Um aber der ganzen Wahrheit die Ehre zu geben, noch folgendes: Von den als privilegiert Angesehenen haben etliche in den eigenen Kinderund Kindeskindergenerationen selbst jede Menge „Notfälle" produziert. Somit sind nicht alle Erzeuger von Notfällen privilegiert. Auch das folgende kleine Beispiel lässt dies erahnen.

An einem sonnigen Märztag des Jahres 2003, einen Tag nach meinem Sechzigsten, war ich für die Hofaufsicht zuständig. Ich beobachtete, wie sich eine Dreiergruppe von Hauptschülern betont langsam auf mich zu bewegte, als wollte sie irgendwie Kontakt mit mir aufnehmen. Bei diesen Jungs handelte es sich ausnahmslos um harmlose, gesprächsfreudige Typen. Mit ihrem Herumgedruckse und Gegrinse deuteten sie darauf hin, dass sie eigentlich nicht genau wussten, was sie von mir wollen.

Doch plötzlich gibt sich einer – es ist der am farblosesten Wirkende – einen Ruck und fragt mich:

„Ähm, war'n Sie eechentlich ooch mit im Kriech?"

Verblüfft schaue ich die Truppe an und bemerke eine gespannte Ernsthaftigkeit in ihren Gesichtern. Was für eine Frage, denke ich. Siehst du vielleicht wie ein Kriegsveteran aus? Also Haltung, Junge! Sechzig ist kein Alter! „Ja, Leute", sage ich, „ihr werdet's vielleicht nicht glauben, aber meine Antwort ist ‚ja'."

„Oh nee! Nee?", nun wieder der Fragesteller. Die zwei Anderen schauen mich ziemlich ungläubig an.

„Naja", lenke ich ein, denn ich möchte diese keineswegs unsympathischen Figuren nicht noch weiter verunsichern. „Als ein Kleinkind gewissermaßen." Blitzartig fällt mir ein, dass man mir mehrfach erzählt hatte, dass ich, als die Amerikaner durch unser Dorf marschierten, am Straßenrand stehend ‚Heil Hiddeler!' gerufen hätte. Das jedoch verschwieg ich vorsichtshalber.

Nun interessiert die Jünglinge ein nächster Sachverhalt.

„War das im Erschd'n?", will Tino, ein dunkelhäutiger, muskulöser Schüler, der sich inzwischen noch dazugestellt hatte, ernsthaft wissen.

„Du Arsch!", konterte einer aus dem anfänglichen Trio. Bei ihm handelte es sich um einen kleinwüchsigen, dafür echt älter aussehenden, Schüler mit roströtlichem Azteken-Schnitt.

„Wieso denn das, eh!?", fragt Tino brüskiert.

„Na Mensch, da wär' der doch schon sibzich!"

„Ahnungslosigkeit ist die Objektivität der schlichten Gemüter."
(Harald Schmidt)

Und mein Fazit: Was bisher problematisch war, löst nun die OBERSCHULE. – Klar!?